Open slightly your Heart to me, I will reveal the whole world to you!

将你的心向我敞开一点点,我会将整个世界揭示给你!

卡巴拉巅峰著作《光辉之书》

我们从来没有创造任何新事物，
我们的工作只是点亮隐藏在我们内在的东西。

We create nothing new,
Our work is only to illuminate What is hidden within.

Menachem Mendel of Kotzk

Copyrights 2023
Laitman Kabbalah Publishers
www.kabbalah.info
ISBN: 978-1-77228-116-3

出路
The Way Out

如何在世界危机中变得强大！
Bail Yourself out from the Global Crisis

卡巴拉智慧揭示危机的原因和危机的拯救
Kabbalah on Crisis, its Cause and Redemption

莱特曼博士／著 周友恒／编译

天津社会科学院出版社

图书在版编目（CIP）数据

出路：如何在世界危机中变得强大 ／（以）莱特曼 著；周友恒 编译.
——天津：天津社会科学院出版社，2012.7

ISBN 978-7-80688-832-2

Ⅰ．①出… Ⅱ．①莱… ②周… Ⅲ．①金融危机-研究-世界 Ⅳ．①F831.59

中国版本图书馆CIP数据核字(2012)第141740号

Copyright 2009 by Michael Laitman. Original edition published by Laitman Kabbalah Publishers. Simplified Chinese edition published by Tianjin Academy of Social Science. All Rights Reserved.

| 出版发行：天津社会科学院出版社 |
| 出 版 人：项　　新 |
| 地　　址：天津市南开区迎水道7号 |
| 邮　　编：300191 |
| 电话/传真：(022)23366354/(022)23075303 |
| 网　　址：www.tssap.com |
| 印　　刷：北京建泰印刷有限公司 |

| 开　本：700×1000 毫米　1/16 |
| 印　张：6.5 |
| 字　数：180千字 |
| 版　次：2012年7月第1版　2012年7月第1次印刷 |
| 定　价：35.00元 |

版权所有　翻印必究

Where there is no vision, people perish.

Proverbs, 29:18 Old Testament

看不见未来,人类将灭亡

箴言,29:18,《圣经》

人类将不会停止看到他们遭遇的麻烦,
直到智慧的爱好者开始掌握政治权力,或者权利的拥有者成为智慧的爱好者.

柏拉图,《理想国》

到目前为止,人类一直在和自然对立;
从现在起,人类必须站起来开始对抗自己的本性。

丹尼斯·伽柏《创造未来》,1964年

谁是有智慧的人？看见未来的人是有智慧的人。
Who is wise? One who sees the future.

《塔木德》 *Talmud Bavil, Tamid, 32:1*

译者前言　拯救就在你自己的选择之中

> "看不见未来，人类将死亡"
>
> *箴言，29：18，《圣经》*
>
> 没有问题可以在产生了它的那同一个意识层面上被解决"
>
> *阿尔伯特·爱因斯坦*

　　人类目前面临的所有问题和危机的根源，都出在我们对这个世界、宇宙以及我们自己是谁的无知。

　　实际上，人类现在出现的问题是必然的，也是必须要经历的。危机和灾难实际上并不是什么新的名词，人类的文明史某种意义上讲就是一部危机和灾难的历史，人类正是在应对危机和灾难中成长起来的。但是如果说我们在历史上好像无论如何都"成功"地应对了危机和灾难的话，那么，现在人类面临的全面危机却让全人类感到束手无策甚至开始绝望。

　　难道真的像爱因斯坦所讲，如果我们不超越我们自己现在所处的这个意识层面，上升到一个更高的意识层面上的话，我们面临的问题就不可能在我们现在所处的这个意识层面上得到解决？

　　那么假定爱因斯坦讲的是真的，而且我们目前的处境也使得我们不得不认为爱因斯坦的断言是正确的。

　　人类几千年的文明发展，危机灾难应对的历史已经充分证明了人类在解决自身面临的问题上的无助和无能。至今，人类已经尝试了各种主义和制度，尝试了各种手段，任其为宗教的、哲学的、科学的或经济的手段等，但似乎任何思想、任何主义都没有实现其初始时的美好承诺，人类不但没有真正从根本上解决任何其面临的问题，反而越加深入地陷入了更大危机和绝望的泥潭，以至于接近了一个全球毁灭的地步。

　　现在，无论是小到个人、家庭还是大到国家，人类在各个层面上遭遇的无助和对问题的无解其实正是人类解决问题的历史的写照。但实际上，按照卡巴拉智慧，到达一种无解和绝望的状态是真正拯救的开始。无解是在我们所处的这个意识层面遭遇到的情形，而拯救只有在我们对以前的应对方法感到绝望，否定过去并上升到一个新的意识层面上找到解决的办法时才能实现。当我们通过反思，发现并承认我们在我们所处的这个意识层面不可能解决危机和问题的时候，那个终极解决问题的时机才会出现。正是这种无助和绝望的感觉迫使我们去反思我们的过去和历史的经验和教训。迫使我们从历史的视角、全球的视角、全人类和全宇宙的视角来审视人类文明的历史，看我们在哪里错了。

人类现在正处在一个伟大的历史的机遇点上。实际上，自宇宙大爆炸以来一百四十多亿年的进化就为着这一天的出现和到来。这一天的到来伴随的，不是历史上曾经发生的任何一次革命、主义或王朝的更替，更不是地球毁灭、人类灭绝的世界末日。而是需要人类在意识层面上的一个彻底的飞跃。如果我们能够通过认识到危机和灾难背后隐藏着的宇宙创造的奥秘和其背后的宏伟蓝图，那么拯救的时机就会到来，那时，人类将不但不会痛恨和咒骂危机和灾难，我们甚至会拥抱和亲吻危机和灾难。因为正是灾难和危机告诉了我们错在哪里，从而帮助找到那条通往光辉灿烂的明天的道路。

而要上升到这一新的意识层面，则需要我们思考、反思并回答那些曾经折磨着我们人类心智的、直至我们不再愿意去面对的有关生命意义和宇宙创造的根本性问题；因为，如果我们回答不了这个问题，危机就不会结束；因为这正是所有危机和灾难发生的原因。

历史上所有的思想、宗教、哲学都看到了是人类的欲望导致了人类所有的邪恶、痛苦、战争和挣扎；因此，都试图要么去压制要么去驯服欲望。那么，人类的欲望到底是什么？它是怎么产生的？最重要的，它为什么产生？它产生的目的是什么？它要把人类及其赖以生存的地球(宇宙)带向何方呢？

历史已经证明，想要压制或驯服欲望以达到或实现幸福人生的所有尝试都没有成功。人类的欲望不但没有消灭或降低，反而不断增长并达到了一个足以使人类毁灭的程度。实际上，欲望根本不可能也不应该被消灭，道理很简单，大家试想一下：一旦人类没有了欲望，这个世界会怎样，文明和历史的车轮是否会戛然而止呢？而且，实际上欲望根本不可能被压制住，因为欲望根本不受我们人类自身的控制，它随着时间的推移在变得越来越强烈。就像积聚的火山终究要喷发一样。这个欲望曾经使欧美发达国家实现了工业和现代化，现在也正在伴随中国和印度等国家的发展，某种程度上讲，中国和印度等国近几十年的经济高速增长就是被压抑了几千年的欲望的喷发所导致的结果，或者多少有某种关联。但问题是这种迅速喷发的结果是，经济发展了，人类赖以生存的环境却被破坏了，美好的未来好像也渐行渐远，而我们的发展真正在追求的幸福感则要么转瞬即逝，要么却怎么也找不到了。

难道人类的命运注定就是：生不由我，死不由我，就连我们在生与死之间活在这个人世的短暂时间内的命运都是这样目标盲目，过程无助，结果悲惨吗？就在我们眼前，曾经辉煌的美国道路，欧洲道路，日本道路……都遭遇到了死胡同，中国道路还在艰难摸索，但是已经险象环生。难道我们人类追求幸福的努力注定会以全人类的毁灭作为终结吗？

如果，你还像现在或昨日那样，继续在生活的洪流中随波逐流，或者正像美国前总统约翰·肯尼迪所说，"真相最大的敌人不是恶意谋划，也不是不诚实的谎言，而是那些人们一直相信却不真实的神话。"继续被那些虚假的目标和神话蒙着双眼，而"看"不见前方的话。那么，答案是：是的，我们将会毁灭。

但是，如果我们能够像卡巴拉的巅峰著作，写于大约2000年前的《光辉之书》所说，"将你的心向我敞开一点点，我会将整个世界揭示给你！"将那些所有我们曾经认为已经掌握的"真理"和"神话"放在一边，不设置任何阻碍，真正敞开我们的心扉，接受卡巴拉智慧流经我们的心田，滋润我们干渴的心田，让那个深藏在我们心底最深处的"心里之点"冲破奴役着我们的自我的桎梏，孕育生长出来，从而引领我们找到那条隐藏着的通向永恒和完美的道路的话，答案则是：我们将会步向永恒和完美的未来！

我们人类现在正处在一个抉择的十字路口，我们现在的处境就像在一个前后左右都是悬崖峭壁的山尖上，不知道下一步怎么走，不知道未来会怎样，往前走，无路；往后走，无路；往左走，无路；往右走，无路；上不去，也下不去；那么，第一，是否有路？第二，路在何方？

所以，生存还是死亡的选择，是一次真正的自由选择，是一次意识的觉醒，是一次超越，是绝望中的回头一瞥，是敞开的心扉对真理智慧的接受。拯救就在你自己的选择之中。就在对你自己的认识过程当中。

本书由当代最伟大的卡巴拉学家迈克尔·莱特曼博士的一本著作、五次精彩对话和三篇演讲所组成。

第一部《拯救你自己，如何在世界危机中是自己变得更强大》，是莱特曼博士专门分析2008年世界金融危机发生的真正原因，如何应对危机，使自己变得真正强大的针对性著作。

第二部由莱特曼博士在不同时期的五次精彩对话组成：内容涉及经济危机、自然灾害、战争与和平、爱和婚姻幸福和利己主义的目的等非常深奥又与我们切身利益相关的主题。相信读者会对从中找到某些困扰着我们整个人类和个人的问题的答案或启示。

第三部由莱特曼博士早在2006年前后，在世界智慧理事会年会等会议上的演讲稿所组成。

我们今天将这些莱特曼博士写于早些年间的著作、对话、演讲编辑成这本叫做《出路，如何在世界危机中变得强大？》的中文著作，一方面，是这些早期著作蕴含的永恒真理，正好可以通过在这几年频繁发生的各种危机和灾难得到印证。另一方面，莱特曼博士所传达的应对危机的方法在危机四伏的今天更具有现实的意义。因为毕竟这个智慧就是今天人类真正需要她的时候，才会揭示给人类并指引人类走出危机，迈向真正光辉灿烂的明天的。

在此，我要衷心感谢我的老师，迈克尔莱　特曼博士，感谢他将这一已存在五千年的古老而又崭新的卡巴拉智慧在人类最需要她的这个历史时刻传向世界，传播到中华大地。

鸣谢

特别感谢Uri Laitman对卡巴拉智慧著作在中国出版上的大力支持和不懈努力。感谢Yair Oren先生，Asta Rafaeli女士，张为民女士，特别感谢Chaim Ratz先生提供的精准的英文译本；特别感谢Misha Gonopolsky先生所提供的形象生动的插图。感谢我的太太潘越利和我的儿子周君毅对我在学习和翻译卡巴拉智慧著作上的大力支持和付出的爱和关怀，特别感谢天津社会科学院出版社的赵荣女士在本书翻译和出版过程中以及对校审稿件的大力协助。

"看来我要追求的代表我成功的东西还真不少啊!"

目录

译者前言　拯救就在你自己的选择之中　9

第一部　拯救你自己：如何在世界危机中变得强大　17

第一章　危机的种子　21

   1. 有地图和指南针，但还是迷了路　22
   2. 从文明摇篮学到的教训　25
   3. 愿望的洪流　29
   4. 有关这两种愿望的秘密　33
   5. 欲壑难填的人类　37
   6. 细胞式的团结　40
   7. 走出山脉　43

第二章　向自然学习　45

   8. 离开那片森林的道路　46
   9. 创造关怀的媒体　49

第三章　获得平衡的过程　53

   10. 如何通过艺术塑造新的态度　54
   11. 在歌曲和音乐旋律中发现平衡　25
   12。钱、钱、钱　58
   13. 正确地教育孩子　61
   14. 是的，我们能够，而且……　64
   15. 健康并保持健康　68
   16. 保持冷静　71
   17. 我们能做些什么？　74

第二部　莱特曼博士有关危机和其解决之道的对话　81

1. 有关世界金融危机的对话　83
2. 关于自然灾害的根本原因的对话　117
3. 天与地上的战争　129
4. 爱与婚姻的对话　145
5. 利己主义的目的　167

第三部　莱特曼博士有关危机和解决之道的演讲和对话　201

1. 危机和解决之道　203

   莱特曼博士在世界智慧理事会年会上的发言，2006年1月，瑞士·阿萝莎

2. 和平的希望　221

   莱特曼博士在世界精神论坛上的演讲稿，2006年1月，瑞士·阿萝莎

3. 经典的卡巴拉智慧和迫切需要的全球意识的进化　231

   智慧与科学的对话：新的全球意识，2006年，德国·杜塞尔多夫

附录1　有关卡巴拉的基础知识　242

附录2　其他相关著作　263

附录3　有关 *Bnei Baruch* 国际卡巴拉研究中心　280

附录4　如何联络我们　285

第一部

拯救你自己
如何在世界危机中变得强大

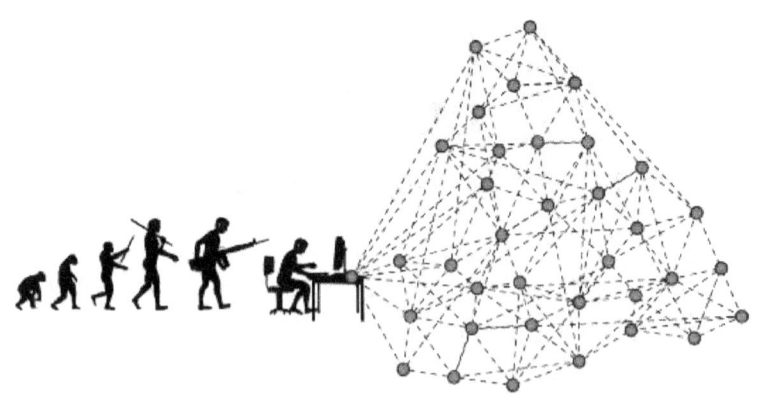

莱特曼博士的独特背景，使得他在对全球金融危机的解读方面有着有别于世人的独到的深刻的见解，使人们可以不但了解产生这次世界金融危机以及其他危机的那些根本原因，并且针对这些根本原因提出了相应的化解措施，实际上，根据卡巴拉智慧，这些危机的产生是一个必然，其产生的原因就是为了使人类不得不去寻找产生这些危机的根本原因和为什么会以及为什么要产生这些危机，只有真正了解了这些，才能真正做到转"危"为"机"。莱特曼博士在本书中介绍了几个非同寻常的概念，这些概念共同形成了应对危机的一套完整的解决方案：

1. 金融危机和所有其他危机在其实质上并不是金融的危机或任何其他表面上看起来的危机，而是心理的危机、人与人之间关系的危机、信任的危机在金融等领域的外在显现：也就是人们彼此之间的信任已经终止，而没有信任就没有交易，只有战争、分离和痛苦。

2. 但是这种不信任是一个自然发生的过程，有着其发生的必然性，这个过程已不断发展进化了数千年，而今天的结果不过是这整个发展过程累积出的一个显化的结果而已。

3. 要想解决这场危机，我们必须先了解创造了这种人与人之间、人与自然之间的疏离，引发了这些危机的根本原因和过程以及隐藏在危机背后的深层次的目的。

4. 首先也是最重要的步骤，是要通过类似本书一样的著作，通过电视、电影和其他大众媒体来告诉民众，让他们了解这场危机实际上是一个自然的必然的过程。

5. 一旦大家都了解了这一信息和真相，就可以重新改造我们的关系，并在信任、合作和关爱的基础上重新建立它们。这一整套危机解决之道将保证我们和我们的子孙在蓬勃发展的同时获得真正的个人幸福，而不是像今天我们面对的这个世界，大部分国家和个人无法再向前发展或者不知道如何保持持续发展，经济发展和生态可持续性及社会平衡等各个方面都到了一个顾此失彼、彻底失衡的状态。

但愿本著作能够为人们在了解危机本身和危机的根源以及危机的积极方面获得一种全新的视角，进而从根本上解决危机，拯救自己，拯救社会，拯救世界！

危机的种子

我们现在正在面临的全球危机并非开始于我们的金融体系的崩溃。其实危机爆发的种子在很久以前就已经存在了——它深深根植于我们人类的本性之中。为了弄明白我们怎样才能将我们自己从这场危机中解救出来,我们需要弄清楚为什么我们自己的本性要将我们自己置于这种与自然以及人类相互之间的冲突过程当中。

1
拥有地图和指南针，却还是迷了路

大约早上9点，我在雷尼尔山北边斜坡的停车场停好了我的丰田，然后和我的朋友乔希下了车。我们的计划是徒步走下去，到达瀑布谷，在那里过夜，第二天再远足出来。天气预报说，今天会是个晴朗、阳光明媚的七月的一天，所以我们很有信心下午晚些时候就可以在野营地烧开水准备晚餐了。

我们打算第二天就回到停车场，所以相应的食物和水带得很少。可一旦进入山中，你不知道会发生什么。走上小路过了大约一个小时，天气突然变了，乌云飘进山里，前面的路被浓浓的雾气遮蔽了。我们只知道这条小路会把我们引向那个山谷，并且希望雾气在我们下山时能够消散，但我们想错了。不仅雾气浓厚得使我们几乎看不到前方脚下的路，甚至这条小路也在漫延的雪地中消失了。这使我们变得方向全无，全然不知道要往哪个方向走。

我和乔希看不到前进的方向，也不知道自己目前确切的位置，所以被迫开始依靠我们有限的导航技能。我们不情愿地拿出地图和指南针作为向导(那时，GPS仍然是最机密的军用设备)。对我们来讲只有两件事情是清楚的，一是我们只是模糊地知道自己在哪里，二是清楚我们的目的地——瀑布谷(它的命名如此之贴切)。我们希望只靠地图和指南针指引我们穿越剩下的五英里崎岖的山路，但渐渐地我们已经开始担心自己能否成功到达目的地。

我们在我们自己假定的当前位置和那个目的地山谷之间画了一条直线，将指南针的指针设到那个方向，并尽我们自己最大的能力顺着它走。我们知道在某一处我们应该向下沿着地形下到那个山谷,但眼下,我们连前面二十英尺外的路都看不见,甚至我们脚下的地形也显示不出任何坡度。更糟糕的是,我们刚刚还在行走的柔软的草地变成了布满石头的丘陵,迫使我们每一步都要小心翼翼。

几个小时后,随着夜色的降临,我们的恐惧开始增加。这时,天空突然晴朗了一阵。我们一直以为我们就沿着向下通往那个山谷的路前进着,却发现在我们的正前方出现的是雷尼尔山峰那白雪皑皑的壮丽景观。

这时我们才发现我们真的迷路了。夜晚即将来临,而我们也没有可以维持很多天的食物和水。我们知道公园护林者在不到我们的野外许可证过期几天之后还不返回是不会来寻找我们的,而且也知道我们无论谁万一受伤的话,我们也不清楚到哪里或者怎样得到帮助。

当我们焦急地评估着我们面临的危险处境时,我们紧张的声音暴露出了我们的焦虑情绪,我们很快就开始为身陷这一困境而互相指责对方。有一阵子,由于我们的极度恐惧,我们忘记了我们之间多年的友谊。但乔希和我已经是很长时间的朋友了,所以知道怎样战胜困境。经过短暂、严肃认真的讨论后,我们发誓第二天早上无论千难万险,我们都将共同一起找到那条路。由于不想再迷失得比现在更远,或者碰到一只游荡的熊,我们决定原地不动就在山脊上过夜。

让我们感到轻松的是,第二天早晨,拂晓的天空就如同夏天的海洋般清澈湛蓝。对照我们面前的地形和地图上的地形及路径,我们对我们所处的位置作了清醒的合逻辑的判断。我们认识到,如果沿着山脊攀爬下去,我们很有可能就会遇到我们在地图上看见的那些小路中的一条。

就这样满怀希望地我们开始攀爬下去。三个小时后,我们的膝盖几乎难以支撑我们走下那个陡峭湿滑的山脊(上面覆盖着的松叶使它更危险),当我们突然在泥土中看见了人的脚印时,你可以想象我们当时有多高兴。过了不久我们发现了一条路,然后,很快找到了一个小小的写着"瀑布谷"的木质标志。

那时我们的轻松和快乐的感觉简直难以形容。我们知道我们重新获得了生命。但更难得的是,我们清醒地意识到,是我和乔希的友谊和团

结一心同心协力帮助我们脱离了这个困境。对我来说，雷尼尔山，尤其是瀑布谷，将永远是一个团结的力量的明证。

2

来自文明摇篮的教训

今天,当我反思我们这个世界面临的状态时,那次在雷尼尔山冒险的经历经常在我脑海中浮现。从不止一个角度来看,它与我们目前的近况都十分相似。

当我们审视人类目前面对的现状时,一切似乎看起来都不容乐观,未来成功的希望似乎微乎其微。但就像我和我的朋友能够团结并成功走出那座危险的山脉,我们对人类的未来也应该充满信心。为确保我们的成功,我们所需要的只是团结和合作。

实际上,团结和合作一直是自然、也是人类获得成功的工具。这本书将会显示,我们运用它们时我们就会繁荣昌盛,回避它们时我们则会四分五裂。

大约四千年前,在幼发拉底河和底格里斯河之间,在一片广阔肥沃的叫做"美索不达米亚"的土地上,有一个叫做"巴比伦"城邦的繁荣的社会。这座城市在当时生机勃勃。它就是我们现在称之为"人类文明摇篮"那个贸易中心。

与一个文明还处于其青春期相匹配的是,当时的巴比伦是一个充满各种信仰和教义的大熔炉。占卜、纸牌算命、相面、看手相、偶像崇拜和很多其他神秘行为在巴比伦都很普遍和盛行。

在巴比伦那些最卓越和最受尊敬的人中间有一位叫亚伯拉罕的。这个人是一个祭司、一个偶像崇拜者、也是一个偶像崇拜者的儿子,但他同时也是一个非常有洞察力并且是非常有爱心的人。

亚伯拉罕发现他如此热爱的人们之间正在渐渐产生分裂。巴比伦的居民之间曾经所感到的那种深厚的同志情谊正在平白无故地逐渐消失。亚伯拉罕感到一个隐藏的力量正在开始发生作用，这种力量正在驱使人彼此分裂。然而，他当时还不能理解这个力量到底从何而来，又为什么在以前没有出现过。在他随后的探究中，亚伯拉罕对他自己的信仰体系和生活方式开始产生怀疑。他开始想要知道这个世界是如何被建立起来的，各种事情是如何并且是为何而发生的，以及他需要做些什么他才可以帮到他的同胞们。

帐篷中的智慧

亚伯拉罕，这个充满好奇心的，思想丰富的祭司，惊奇地发现这整个世界的运转是由愿望所驱动的——确切地说是由两种愿望：给予的愿望和接受的愿望。他发现，为了创造这个世界，这两种愿望之间构成了一个的法则体系，这个体系是如此深奥和涵盖一切，以至于现在我们只能把它看作是一门科学。而在那时，"科学"这个术语还不存在，而且当时亚伯拉罕也没有定义的需要。相反地，他只是致力于探索这些新规则并搞清楚它们如何才能帮助那些他所热爱的人们。

亚伯拉罕发现这些愿望创造出了一个构成我们整个生命存在的网络。它们不仅决定着我们的行为，也决定着整个现实中的一切——包括我们所想、所见、所感觉、所品尝以及所触摸到的一切事物。而且他了解到他发现的这个规则体系创造了一种维持这些愿望之间平衡的机制，这样的话 一种愿望就不会超越另一种愿望。这些愿望是动态并不断在进化演变着的，亚伯拉罕认识到人们之间之所以开始出现隔阂是因为在他们内心当中的接受的愿望开始超越那个给予的愿望；这个接受的愿望已经演变成一个以满足自我利益、以自我为中心的愿望，或者说是利己主义。

亚伯拉罕了解到能把这种分裂趋势扭转过来的唯一方法就是使人们团结起来，尽管利己主义还在不断滋长。他知道，在人们日益增长的互相猜疑的表象下，一种隐藏着的全新水平的相互团结和同志友爱正等待着他的同胞。然而，为了到达这一新水平，他们必须团结起来。当时，亚伯拉罕知道他已经找到了那个导致了他的巴比伦同胞不快乐的原因，并且他是如此地渴望他们也能够发现这个原因，除此之外，别无它求。

但为了帮助他的同胞们发现他所发现的这个秘密，并重新恢复他们过去曾拥有的那种同志情谊和友谊，亚伯拉罕需要他的同胞们的合作。他知道，除非他的同胞自己真正需要他的帮助，否则他无法帮到他们。虽然人们也都知道他们自己不快乐，但他们却不知道其原因是什么。这样一来，亚伯拉罕的任务就变成是向他们揭示导致他们痛苦的原因是什么。

亚伯拉罕热切地想尽快开始帮助他的同胞们，于是，他搭起一个帐篷并热诚地邀请大家来做客，一边吃喝一边听他讲述他发现的那些法则。

由于亚伯拉罕在那时是一个知名人士、一个著名的祭司，所以很多人都来听他讲。然而，却只有很少一部分人被说服，而其他人，还是继续过着他们的日子并沿用那些他们早已熟悉的老方法去解决他们面临的新问题。

但亚伯拉罕革命性的发现并非没有引起当权者的注意，他很快便与尼姆罗德——当时巴比伦的统治者——对抗上了。在一场亚伯拉罕和精于当时的教义的尼姆罗德之间的著名辩论中，尼姆罗德痛苦地败下阵来。受到屈辱的他寻求报复，并试图在火刑柱上烧死亚伯拉罕。然而，亚伯拉罕连同他的家人成功地逃离了巴比伦，避免了那场劫难。

这样亚伯拉罕不得不开始过一种游牧生活，而无论走到哪里，亚伯拉罕都会搭起帐篷，邀请当地居民和过客听他讲述他发现的那些自然法则。在他的旅程中，他的步伐遍及哈兰、迦南、埃及，并最终又回到了迦南。

为了帮助传播他的发现，亚伯拉罕撰写了我们如今所知道的著名的《创造之书》*The Book of Creation*这一著作，在这本著作中，他介绍了他的揭示的本质。亚伯拉罕将自己的人生的新的目标，确定为向所有愿意聆听他的人们解释和讲解他的这些发现。自那时起，他的儿孙们以及其他向他学习的人们开创了一个从那时到现在一直在发展和运用他的方法的学者王朝。《创造之书》以及他的学生们对这一学说的贡献和发展确

保了亚伯拉罕的发现能够代代相传，直到最终传到真正需要这一方法的那一代人：我们这一代人！

3

愿望的洪流

当我们回顾一下人类在巴比伦时代的状态时，我们就可以开始理解为什么尼姆罗德在当时会拒绝接纳亚伯拉罕革命性的发现。因为，即使在人类已经花费了几千年时间试图寻求到那个可以解释一切事物的单一的、完美的公式几千年后的今天，亚伯拉罕对现实的解释都似乎简单得令人难以置信——直到你开始践行它。

如同我们在前一章节中所述，亚伯拉罕发现，现实是由两种愿望构成的。一种愿望是给予，另一种愿望是接受。他发现那些曾经存在过的、现在正存在着的和将来将要发生的一切事物都是这两种力量之间相互作用的结果。而当这两种愿望相互之间和谐地运转时，生命在其过程中就会和平地开展并且呈现繁荣昌盛的状态。然而，当它们互相冲突时，我们则必须应对这种冲突产生的严重后果——也就是我们会面临巨大的灾难和危机。

通过这些发现，亚伯拉罕了解到了这个宇宙和生命是如何开始以及如何进化的。我们的宇宙大约在140亿年前诞生，那时一次大规模的、永远不会再重复的能量从一个微小的一点中突然向外爆发开来。天文学家称之为"宇宙大爆炸"（Big Bang）。如同受孕时精子和卵子结合形成一个胚胎那样，那个给予的愿望和接受的愿望在大爆炸时首次结合在了一起，就这样整个宇宙"受孕"开始了。因此，我们这个宇宙中存在的万物都不过是这两种力量相结合后产生出的各种的显化形式而已。

就像胚胎中的细胞在受孕后就会立刻开始分裂并产生新生儿的肉体那样，那个给予的愿望和接受的愿望就在那次大爆炸后也立刻开始形成我们这个宇宙的物质。然后，通过一个跨越上百亿年一直持续到今天的进化过程，在这个过程中，在气体交替膨胀和收缩中，星系和其中的星

体就形成了。每一次气体的膨胀都是那个给予的愿望产生的结果，它扩张并创造，而每一次收缩都是那个接受的愿望产生的结果，它吸收并收缩。

人类，就如同宇宙一样，是一个由无数相互作用的元素构成的完美的系统。就像数十亿星系构成了整个宇宙一样，数十亿人联合起来组成了人类这个整体。又如同在每个星系都包含着各种星星一样，每个国家和民族都由各种不同的人构成。而构成人体的器官、组织和细胞也像那些行星、彗星和围绕它们的恒星旋转的小星星一样。

这种膨胀和收缩构成了生命永不停止的兴衰，在某一时刻，那个给予的愿望在驱动着生命，而在另一时刻，这个接受的愿望则成为推动的力量。无论是在星系、太阳和行星融合以构成我们的这个宇宙的过程中，还是在细胞、组织和器官结合构成人的身体的过程中，这两种愿望之间的相互作用都始终位于创造的中心，主导着创造的整个过程。

就像那些星体的形成一样，行星地球的形成也是通过这两种愿望相互作用产生的膨胀和收缩过程进化演变而来的。当地球最初开始形成时，其表面的状态就反映了那个膨胀和收缩的交替涨落过程。每当那个给予的愿望占上风时，地球炽热的内部就会喷发出来形成的熔岩流。而每当那个接受的愿望占上风时，那些液态熔岩就会被冷却下来从而形成新的大片的地壳。最终，在经过那两个愿望的相互作用导致的无数次的这种膨胀和收缩、喷发和冷却的过程之后，地球终于形成了一个坚固得足以出现我们现在所知的这些生命形式的地壳。

如果我们探索得足够深入，我们将在每个被创造的生命形式中也会找到那两种编织了所有这些绚丽多彩的生命形式的力量——给予和接受。在这个编织生命的过程中，就像大爆炸形成宇宙或者新生儿受孕诞生的过程那样，那个给予的愿望首先创造出物质，而接受的愿望则赋予那个物质以形状，就像那些星体和生命机体中那些不同细胞的产生过程一样。

生命的诞生

这个创造的故事并没有以这个宇宙的创造而结束。就像当一个婴儿出生时,它不能控制其手脚;它们似乎是无规则地四处乱动。然而,这些看似漫无目的的动作却十分重要:这些动作在经历过无数次重复后,婴儿逐渐学会什么样的动作会获得结果而什么样的动作则不会。除非这个婴儿这样去尝试,否则它永远无法学会怎样翻身、爬行直至最终可以行走。在一个婴儿的成长过程中,虽然是那个生命的力量(给予的愿望)创造出运动动作,但却是这个接受的愿望给了那个力量(动作)以方向,并决定那个给予的愿望的表现方式(动作)应该保持哪种形式以及不应该保持哪种形式。

同样的原则也可以应用在地球早期的童年时期。随着地球逐渐冷却,那些被给予的愿望驱动着的粒子是随机移动的,正是接受的愿望驱使这些粒子收缩并形成簇群(clusters),而这些簇群中只有那些最稳定的才会存活下来并构成原子。

同样地,原子也是随机运动的,这是因为位于其中的那些给予的愿望导致了它们不规则摇摆,而位于其中的接受的愿望则逐渐使更稳定的原子群得以形成,而那些就是最早期形成的分子。从那时开始,通往产生第一个生命体的道路就铺设好了。

在孩子身上,这个给予和接受的愿望则以最能适应孩子们的需求的方式呈现。首先,婴儿运动能力得到发展,使他们能够吮吸母亲的奶头或抓住父亲的小手指。然后是社交技能,比如微笑或皱眉出现。最后,他们发展出语言和更复杂的能力。在每种情况下,都是给予的愿望产生行动和能量,而接受的愿望则决定其最终形式。

在整个创造过程中,这些愿望相互合作创造着越来越复杂的生物形式。单细胞生物最先形成。然后,这些生物开始学会合作以增加它们自己的存活几率。一些细胞在呼吸功能上表现出优势,于是它们就负责给所有其他细胞提供氧气。而另外一些擅长消化的细胞则学会如何有效地消化,并负责为这个生物体中的其他细胞提供营养。还有一些细胞则学会怎么为其他所有细胞考虑,于是成为这个群体的大脑。

就这样,多细胞生物就形成了,其中每一个细胞都有其独特的角色和职责,而且每一个细胞的生存都依赖于其余的所有细胞。这种特点正是所有复杂的生物体——如植物、动物,尤其是人体——的共同特性。

人性的黎明

就这样,一层一层地、生命在安静地、顺其自然地进化演变着。最后人类出现了。最初的人类更像类人猿。他们以在地面或树上找到的东西为食物,并捕捉他们能抓到的。虽然他们也合作,但其行为纯粹出于其本能。

但人类不像其他动物。他们发现,为了增加他们的生存的机率,他们应该集中精力发展他们的智力而不是他们的身体。于是,他们学会了怎样制造用于打猎的武器,而不再用手或石头。他们还学会了怎样用容器收集和储存食物。随着时间的推移,人类才智的运用得到提高,而这反过来更增加了他们的生存机会。这样一来,人类就渐渐成为了地球的统治者。

使用工具去增加粮食产量和建造更好的住所的能力为我们提供了一种其他生物所不具备的独特的可能性:我们发现,我们可以通过改变我们的环境更好地满足我们自己的需要,而不是改变我们自身去适应大自然。自那以后,这种改变环境的能力和做法就一直成为人类进化发展过程中的关键因素。

这种可以通过改变环境以适应我们自己的愿望的认识彻底地改变了人类的未来。从此,我们不再依赖于大自然,而只依赖于我们本身的足智多谋。这个转折点就是我们今天称之为人类"文明"的诞生。

大约在一万年前,人类文明的黎明是很美丽的。我们改进了我们的捕猎工具,发展了农业,发明了车轮,并且目睹着生活轻快地前进着,越变越好。这种不断改善我们生活的能力之中唯一存在的问题就是**这种只有人类特别具有的能力使得我们人类感觉自己比真正的自己更强大;并且使我们感觉自己优于自然,可以凌驾于自然之上,而这种思想会被证明是万恶之源,这种思想指导下的行为,则使得人类接下来的"文明"历史,变成了血腥的历史。带来了无数的战争和苦难,包括上世纪的两次世界大战和21世纪我们今天面临的金融危机和自然及生态灾难。**

4

有关这两种愿望的秘密

在前面的章节中,我们提到了是给予的愿望创造出物质,而接受的愿望则赋予物质以形态。对此规则人类本身也不例外:我们从给予的愿望中获得生命的力量,而接受的愿望则形成了我们。然而,由于我们已经学会我们能够通过改变我们周围的环境以满足我们自己的愿望,所以我们变得完全只是专注于这个接受的愿望,并因而变得完全忽略了这样一个事实:我们是从那个给予的愿望中,而不是从这个接受的愿望获得生命和能量。

人类是一个特殊的物种:由于我们发现了我们能够通过改变环境造福自己,我们就发展出了日趋复杂的方法以达到此目的。我们认识到能够运用我们的才智,而非我们的身体,来增加我们的快乐。

然而,要这样有效地去做,我们需要知道我们能够改变大自然的哪些部分以及何时和怎样才能改变。比如,农业是一种自然的改变,因为我们不是去捡野生燕麦而是在田野里种植它们,更丰富地生产,并使收获变得更容易。但为了避免破坏环境,农民必须考虑到很多信息,以确保他们不会危及自然总体的平衡。

而为了保持那种平衡,我们必须清楚环境平衡过程中都涉及哪些关键因素——首先而且最重要的就是了解那个给予的愿望和接受的愿望以及它们之间的相互作用关系。否则,我们这就会像在不知怎样建造一个坚实稳固的地基的情况下试图去盖房子,或者在不清楚有多少人要住的情况下,去计划房间数量一样。

但是,我们却怎么也摸不透这两种愿望之间的相互作用关系,因为它正是创造并构成了我们本身的结构的基础,并因此深藏在一个甚至比我们的意识层面还要更深的某个地方。然而,一旦我们理解这些愿望之

间相互作用的法则以及它们创造生命的方式，我们就能将这些信息付诸实践并发现我们怎样才能从中获益。

同时，即使在建设我们的生活时，我们能够考虑到这两个愿望，我们的常识也往往会受到挑战。我们会发现自己正在考虑那些似乎对我们接受的愿望来讲毫无意义的行为和态度，因为我们接受的愿望只是想接受。比如，如果要我去给予一位陌生的人、给予一位我根本不在乎的人，甚至给予一位永远也不会回报我的人，我会自然地思考这样做对我自己有什么好处？这些给予行为对我接受的愿望来说，简直是无法接受。

而如果你建议说，通过这样做我会开始了解现实的另一半——也就是那个给予的愿望——并且因此可以领会创造生命的运作方式是怎样的一个过程，我可能会认为你脑袋进水需要去看一看心理医生，而不会认同你所说的那些大道理。

当你这样思考一下，你就会很容易同情并赞同尼姆罗德——那个古巴比伦的统治者。很可能他只是希望保护他自己拥有的一切不被亚伯拉罕，这个无政府主义者所破坏。亚伯拉罕宣扬团结，并以团结此作为治疗那个正蔓延于巴比伦居民并导致人们日益疏远和分离的疾病的解药。他提出，人们之间亲密关系逐渐消失的唯一原因是他们不知道另一个创造生命的愿望——也就是那个给予的愿望的存在。如果他们知道这个愿望的话，他们就能以更加平衡的方式处理这两种愿望，并通过这两种愿望收获经验整个现实的丰收——这就是亚伯拉罕的教义的精髓之所在。

但因为当时在巴比伦，除了亚伯拉罕以外没有其他人足够幸运能够发现这一点，所以，对大众来讲，亚伯拉罕显得更像是一个怪人而不是一个救世主。尼姆罗德则认为亚伯拉罕的观点不仅毫无意义，而且还威胁到处于其统治中的生活的次序。此外，亚伯拉罕的父亲是一位著名的并且受尊重的偶像制造者这一事实令尼姆罗德更加担忧。因为人们都虔诚地接受并崇拜着他们的偶像，尼姆罗德不想打破他们现有的生活方式。他也看不出他们这个幸福社会的日子已经屈指可数了。

因此，尼姆罗德自然地走上了否定亚伯拉罕的道路，而绝大多数他的臣民也都随从他——直到他们自己最终一起走向毁灭。

就像一个没有母亲的孩子

　　为了理解忽视那个给予的愿望为何如此有害，我们可以把这种给予的愿望和接受的愿望之间的关系想像为一个母亲和她的孩子之间的关系。在一种健康的母子关系中，孩子知道他的母亲是谁，也知道饿、冷或累的时候要找谁。但如果这个孩子没有母亲呢？他该找谁来满足他的需求呢？又能找谁来喂他、包裹他、给他温暖，并爱他呢？他不得不自己照顾自己。大家可以试想一下，这个可怜的孩子有多大的生存下去的机会呢？

　　自从4000年前尼姆罗德把亚伯拉罕赶出巴比伦的灾难性的那一天起，人类就像开始变得像那个试图尽量好地去自己照顾自己生活的婴儿。我们一直在艰难地前行，我们已与那个给予的愿望——也就是那个滋养我们和整个宇宙、给予并创造生命的力量——分离得越来越远。

　　就像一个没有母亲的孩子一样，我们失去了指导，只能在不断的尝试和失败当中学会如何去生存。在我们努力寻求一种可持续的幸福生活道路的过程中，我们已尝试过生活在氏族制、奴隶制、希腊民主制、封建主义、资本主义、共产主义、现代民主制、法西斯主义，甚至纳粹主义等，所有至今为止我们能够尝试的发展道路。我们也从宗教、神秘主义、哲学、科学、技术、艺术——事实上从人类从事的各个领域中努力寻求我们在对未知领域的探索过程中遭遇的恐惧的慰藉。所有这些思想和追求都曾承诺我们会有一个幸福生活的明天，但没有任何一条道路带领我们实现了它开始时的承诺。

　　由于没有意识到那个给予的愿望的存在，以及通过它来平衡我们自身的接受的愿望的必要性，就像大自然所有其他存在层面表现的那样，我们一直只是在按照自己的接受的愿望来运作。因此，我们建立了各种剥削和暴政猖獗的扭曲的丑陋社会。

　　不可否认，人类取得了许多伟大的成就，例如现代医学、丰富的食品和能源生产。但是，我们往前前进得越多，我们就越在滥用我们取得的成就，并使得我们之间的隔阂和社会的不公正现象变得越来越大。

　　但是，以上这种人类社会被扭曲和随之产生的不公正不是任何人的错。在我们不知道那个给予的愿望的存在时，我们的生活方式只剩下唯一一个选择：也就是接受我们所能得到的任何可能的快乐。因此，那些今天被别人剥削的人，假如哪一天开始拥有了权力，他们就会开始剥削他人，这是因为当我们只是无意识地盲目地遵从这个接受的愿望的奴役而工作的时候，我们所想和所能做的也就只能是去接受！

5

欲壑难填的人类

我们陷于危险中的世界，确实是人类没有认识到那个给予的愿望的悲惨后果。相比之下，除了人类以外的大自然的其他存在则是那两种愿望之间平衡的卓越体现。在地球多样化的生态系统中，每个生物都扮演着其独特的角色。即使缺乏或丢失哪怕只是一个元素，这个系统都不会是完整的，无论缺失的是矿物、植物还是动物。

Irene Sanders和Judith McCabe博士在2003年10月向美国教育部提交了一份使人眼界大开的报告，这份报告清楚地说明当人们破坏大自然的平衡时会发生什么。"1991年发现一只逆戟鲸(虎鲸)被发现在捕食海獭，而一直以来逆戟鲸和海獭通常都能和平共处。那究竟发生了什么呢？生态学家发现，这是海鲈和鲱鱼的数目正在下降。逆戟鲸是不吃这些鱼的，但它们却是海豹和海狮的食物。而逆戟鲸的食物通常是海豹和海狮，但由于现在它们的数量由于其赖以生长的食物海鲈和鲱鱼的数量的减少而变少了。所以得不到海豹和海狮的逆戟鲸们开始捕食那些曾经与之和平共处的可爱的海獭作为自己的美餐。"

所以海獭因为它们从来不吃的鱼的消失而消失。现在，由此产生的连锁反应开始了，一环连着一环，没有水獭吃海胆，因此海胆数目暴涨。但海胆以海底的海带为食，因此它们使海带走向灭绝。而海带一直以来是作为海鸥和老鹰食物的鱼类的藏身之处。和逆戟鲸一样，海鸥可以找到其他食物，但秃头鹰却不能，因此它们也因此陷入困境中。

所有这一切都是始于海鲈和鲱鱼数目的下降。为什么呢？事实上，这是日本捕鲸者长期以来一直在捕杀一种和鳕鱼(一种食肉鱼类)以同样一种微生物为食的鲸鱼。这样由于那种鲸鱼数量的减少，鳕鱼就有更多的鱼可吃，从而繁殖更多，鳕鱼数量猛增。它们反过来开始进攻海豹和海狮的食物——鲈鱼和鲱鱼。这样随着海狮和海豹的减少，逆戟鲸不得不转向海獭。"

因此，真正的健康和福利只有在组成一个机体或系统的所有部分之间都处于和谐平衡状态时才能实现。然而，由于我们是如此地不知道构成生命的另一种力量——给予的力量的存在，以至于我们根本无法实现这种平衡，我们甚至都不能准确地定义"健康"到底意味着什么。

《大不列颠简明百科全书》对"健康"的定义精确地捕捉了我们的这种困惑感："好的健康比坏的健康(后者可以等同于疾病的存在)更难界定，因为它必须传达一个比'只是没有疾病'更为积极的概念"（Good health is harder to define than bad health (which can be equated with presence of disease) because it must convey a more positive concept than mere absense of disease.）但是，因为我们没有认识到构成生命的那个积极的力量，所以也就无法确定那个存在的积极状态。

我们都有梦想，我们也都希望我们的梦想成真。但是，令人悲伤的真相却是，我们却从来没有感到自己已经实现了所有的梦想，因为即使我们实现了自己的梦想，新的梦想又会进入我们的视野，取代那些我们已经实现的梦想。结果是，我们永远不会感到满足。而且我们越是争取财富、权势、名望以及其他那些我们认为能给我们带来快乐的东西，我们就越是变得不满意，梦想对我们来讲也越是变得像幻觉一样不可琢磨。

于是，我们拥有得越多，就越感觉困惑和失望，因为我们需要更加努力地追逐那似乎永远追逐不到的幸福，我们的挫败感也更加强烈和频繁，也变得更加痛苦。这就解释了为什么那些经济发达富有国家反而通常会遭受更高比例的抑郁症爆发的原因。

具有讽刺意味的是，抑郁症也有其积极的一面。因为它是一种表明，我们已开始放弃尼姆罗德的追求幸福的方式——也就是只专注于我们接受的愿望的方式。感到抑郁的那些人正是那些看不到未来具有快乐或幸福前景的人。他们在生活中经历过的种种失败使他们不会再被诱骗到另一个寻求快乐的失败尝试中。而治疗他们的抑郁症唯一需要的就是他们需要认识到现实中还存在着被我们自己的这个只为自己接受快乐的愿望隐藏着的另一半,即"给予的一半"他们还没有发觉,而且,也正等等着他们去发掘。如果我们能够帮助这些人看到,他们一直以来实际上是在试图从一个真空——也就是接受的愿望(只知道接受而不知道给予的力量)中吮吸快乐的话,他们会重新找回并获得那些在他们抑郁时所失去的希望和力量。

事实上,现实是具有两条腿的生物,而我们一直以来只在使用其中的一条腿。这样,我们对我们的现实为什么一直以来就是一个跛脚的残疾的现实,就不会感到惊讶了!

6

细胞式的团结

　　就像乔希和我当初在雷尼尔山迷路的经历一样,人类已经在人生的荒漠之中迷失了好几千年。就像乔希和我一样,人类没有注意到正在来临的灾难的警示。也像乔希和我一样,人类还在继续前进,依靠着它过去曾经拥有的工具,尽管它一直以来一直对现实的另一半视而不见,就像薄雾(或白内障)遮盖了它的眼睛似的。这就是为什么今天我们全人类陷入了这么大规模的、全球性的危机中的原因。

　　然而,那次磨难让我记忆最深刻的个人经历部分却是:度过危机的唯一出路是彼此团结在一起。这一次我们全人类面临的危机,真的是大家要么同生,要么共死。

　　一个普通成年人的身体包含大约十万亿个细胞(10,000,000,000,000)。假如将它们连在一起,可以绕地球47圈!而其中没有一个细胞是独立自主的。相反,所有细胞都完美和谐地运作以支撑和维持它们赖以生存的身体,有时甚至不惜牺牲它们自己的生命。因此,细胞们的这种整体"意识"远远超出它们的细胞膜并延伸涵盖着整个身体。正是细胞之间的这种和谐使一个健康的身体成为一部如此完善而美丽的机器。

　　一个健康的身体有着这样一种极其有效的维护机制,以至于即使哪怕是一个细胞忽视其职责变得只为它自己运作,整个身体也能检测到那个细胞,然后要么治愈它要么杀死它。如果没有这种听从整个身体的支配的机制存在,就没有任何生物能够得以创造,因为构成这个机体的细胞将不会为其赖以生存的整个身体的利益而协作。

　　事实上,只为自己工作而不为整个身体运转的细胞被称为"癌细胞"。当这样的细胞成功地在一个人体中繁殖,人就会患癌症。癌症的最终结果总是肿瘤的死亡。这里存在的唯一的未知是:那个肿瘤是被身体还是被药物杀死,还是因为它杀死了其曾经赖以生存的主人的身体,从而也杀死了它自己。无论我们是否意识到了这一点,当我们不顾整个人类的需要而只为我们自己的利益而行动的时候,我们就成为"人类"这个统一机体内的癌细胞。

在我们意识到我们可以通过改变环境以适应我们自己的需要之前,我们一直是人类中的健康细胞,一直听从自然召唤并与自然和谐相处。可一旦我们意识到我们能够为了自己的利益"降伏"自然,我们就让自己脱离了这种和谐。因此,为避免破坏自然的平衡,我们应该有意识地自觉地变得与自然和谐。

但是,我们至今还未能这样去做。因为我们一直还没有意识到给予的愿望和接受的愿望之间的这种相互作用,因此我们认为利用自然是我们天经地义,并相信不管我们怎么做,自然始终会在那里等待着被我们利用。

在复杂的有机整体系统中,其运行规则是:整个整体占支配地位,而组成整体的个体屈服于整体,就像一个身体中的细胞一样。随着人类数量的不断增长并且开始建立起一个日益复杂的社会,我们全人类以符合这个完整体系法则行为的必要性和紧迫性也变得与日俱增。

尼姆罗德的道路

自然地,尼姆罗德并不想接受亚伯拉罕所介绍的这套有关完整系统的规则。他是当时巴比伦的最高统治者,何况现在是他的一个臣民来告诉他,他——一个全世界上最伟大土地的统治者——必须屈服于比他自己更高的法则。

尼姆罗德,出于人本性中的利己主义,无法做出让步并承认他和他父辈们一直遵从的接受的愿望的方式是错误的,甚至需要作出改变。为了维护那种人类赖以一步步发展到今天的方式,尼姆罗德没有其他选择，只能试图消除危险。他选用了从人类发明武器那一天起，就开始一直使用的方法：下定决心消灭亚伯拉罕。

虽然他没能杀死亚伯拉罕，但的确把他逐出了巴比伦。可惜的是尼姆罗德统治的巴比伦太大了，这样大的城市不运用这种完整系统的规则是根本无法存在下去的。而由于不知道如何去团结，所有的巴比伦人都按照他们自己各自的接受的愿望去行为，最终他们无法共处下去，一座美丽的大都市最终就这样土崩瓦解了。

7

走出山脉

要是乔希和我当初在雷尼尔山决裂分开的话,或许今天我就不会有机会写出这些字句。对我来讲,幸运的是,我们的友谊经受住了那次严峻的考验。(另外幸运的是我们当时只有一个指南针和一张地图这一事实也很有帮助,它使我们看起来好像并不是我们有其他选择)。但从我们决定一同逃离困境的那刻起,我们就感觉到一种巨大的宽慰,就像是我们已经找到了那条通往目的地的道路似的。

必须承认的是,走下那道山脊绝不容易。花了好几个月,我的膝盖才恢复过来,而我的后背再也没能恢复到以前的样子。但我会永远地珍惜那种当我们小心滑下那道险恶的山坡,我们不断地互相查看以确保对方没事的时候所感到的那种团结的温暖感觉。

在我们下了几分钟的山以后,我们发现自己被遮住阳光的浓密森林包围着。我们身后是山脉,下面远处和前面远处都是险峻的山谷。而我们正一起沿着比我所能想象的还要陡峭的山坡往下走。偶尔,我会停下来在松针上方凸出的岩石上放松我的膝盖,我会敬畏地瞪着那些树木并心想:"它们一定是用钉爪拴紧在地上的。不然,实在想像不出它们如何能生长在岩石之上。"

在我们真的是依靠指甲抓着岩石悬挂着身体以免坠落山崖时,我知道是我们之间团结的力量支撑了我们。现在我知道就是这个力量支撑着我们度过了那段最艰难的阶段。

有一首我在孩提时代曾喜欢听的老歌说,只有在山中,你才能明白谁是你真正的知己。现在,我真正明白了这首歌的意思。

然而,我们如今全人类都正面临的这场危机甚至要求一种超越个人与个人之间友谊的团结。团结人类的所有部分远比拯救几个冒险家的生

命意义深远得多。我们需要团结,不是因为这样更有趣(虽然实际上是这样),而是因为我们需要发现数千年来我们一直在我们未曾察觉的自然的那个部分——给予的愿望,而发现它的唯一的途径是模仿它。当我们模仿它时,我们会突然发现,它其实就存在于我们生活的方方面面,从我们的细胞直到我们的思想。

作为具备情感的生物,我们只有在感觉到某种事物之后才能够认知到其存在。我们生活在由那个给予的愿望所构成的"海洋"中,但是我们却只有这个愿望被"穿在"某种可触摸到的快乐的形式中之后才能感觉到这个愿望。我们自然而然地只是专注于在我们人生路上所遭遇到的那些事物或事件中所能得到的满足,但即使在这里它从来不仅仅只有接受的愿望存在。相反地,它必定是两者的某种结合:也就是那个给予的愿望创造一种新的可能的快乐的感觉,而接受的愿望为快乐提供某种形式,比如,这些快乐的形式可以表现为一块可口的蛋糕、一个新朋友、做爱或赚钱等等。

但今天我们所感觉到的这个给予的愿望的出现则并不是一种一般意义上的愿望。它不是对性、金钱、权势或名望等所产生的愿望。这一次,**它是一种想要相互联系的愿望**。这是为什么现在互联网中的社交网络这么流行背后的根本动力。人们需要联系,因为他们已经感觉到了彼此之间的这种联系。现在,他们只需要知道如何建立起能够真正满足自己这种需求的方式。然而,唯一去感觉完全联系的方法就是去研究那个将所有的个体结合为一个单一的有机整体的那一力量——也就是那个给予的愿望。因此,不要浪费时间,让我们来看一看怎样才能把那个给予的愿望带入我们的生活当中。

向自然学习

　　最可靠的改正错误的办法是向那些已经正确处理好事情的人学习。在这种情况下,自然是我们行为的榜样和已被证实的成功范例,那么它应该担任我们的老师。

8

离开那片森林的道路

为了了解我们如何才能将那个给予的愿望融入我们的生活当中，让我们来看一看自然是在这方面是怎样做的。我们通过我们的五种感官来感知外部的世界，而且我们一直相信我们的感官提供给我们的有关现实的画面是准确而可靠的。但真的是这样吗？

每当和朋友散步时，有多少次我们没有听到朋友所听见的？当然，仅仅因为我们没有听到某种声音并不表示它不存在。所有这一切都只不过是我们的感官没有捕捉到那些声音，或者是我们没有去注意它。也或许是我们的朋友的产生了幻听！

在这三个可能性当中，那个客观的现实是相同的，但我们对它的感知却不同。换句话说，我们并不知道那个真正的现实是什么，甚至它是否存在。所有我们知道的都不过是我们所感知到的一切。

那么我们是如何感知的呢？我们使用一个可以被最恰当地描述为"形式相等"的过程来看一看我们是如何感知的。虽然我们的不同感官对应不同类型的刺激，但我们所有的感官都以一种类似的方式运转。比如，当光线穿透我的瞳孔时，在我的视网膜上的神经形成一个外部形象的模型。然后，这个模型被译成编码，并传输给大脑，后者对接收到的信号进行解码并重建图像。当声音撞击我们的耳鼓或者某种东西触碰到我们的皮肤时，类似的过程同样发生。

换言之，我的大脑运用我的感官来创造一个与外在对象等同的模型或形状。但如果我的模型是不准确的，那我永远都认识不到这一点，并且我会相信那个实际的物体或声音和我在我自己的头脑中所创造的是一模一样的。

这种"形式等同"的原则不仅适用于我们的感官，也同样适用于我们的行为。比如，孩子通过重复他们在其周围环境中所看到的行为来学习。我们称之为"模仿"。渴望了解他们出生后来到的这个世界，但又不具备任何的语言技能，孩子利用模仿作为一种手段来获取各种技能，例如坐和站立、讲话和使用餐具等等。当我们讲话时，他们会观察我们怎样动嘴唇。这就是为什么我们建议家长要清晰地对孩子说话(不是大声地说，他们的听觉比我们好)。通过模仿我们，孩子们创造出和我们相同的形式(运动或声音等等)，从而了解他们所生活的这个世界。

事实上，不仅是孩子们以这样的方式学习，整个自然都在展示通过这种形式等同的方式学习的有效性。观察小狮子玩耍的过程真令人激动。它们模仿埋伏袭击，用青春般的热情互相练习攻击。它们练习跟踪从阴影、昆虫到羚羊等的各种东西。在这一阶段，其实让它们这样联系潜步捕捉具有一定危险性，但对它们来说，这种潜步跟踪不仅仅是为了玩耍。而是通过这种扮演狩猎者的角色，小狮子是在演练它们成年后要很认真地去扮演的角色。

正是通过这种模仿它们才能使自己成为狩猎者。没有这些过程的话，它们将来无法生存，因为它们不会知道如何猎杀作为其食物维持其生存的猎物。

同样，如果我们要想感知到那个给予的愿望，我们唯一需要做的就是在我们内部创造出一个给予的愿望的形象。如果我们在进行给予时我们认真专注于我们的思想和愿望的话，我们将会在我们的内心发现一个和自然中存在的那个给予的愿望相等同的愿望。这样，就像孩子们通过模仿声音和音节自然而然地学会说话那样，我们也将通过这种模仿给予的方式来发现那个给予的愿望。

在我们弄明白如何能够像自然那样将接受和给予平衡起来之前，这可能需要一段时间，但熟能生巧，我们必定会成功。并且在我们做到了这点之后，我们的生命将变成一个无边无际的启示，它是如此博大和丰富，我们甚至将会惊讶我们迄今为止怎么能这么盲目。

在当今的世界，我们再也不能忽略这个给予的愿望的功用。我们不

再像当年的古巴比伦人,他们那时为了避免彼此之间的矛盾。还可以迁徙到远离巴比伦的地方。由于今天的我们已充满了地球的各个角落,我们现在已无处可逃。此外,我们已经是如此紧密相连,以至于将一个已经煎好的鸡蛋恢复到鸡蛋原状都比去除我们之间的这种相互联系还要容易。

而且这种紧密联系并不是一件坏事。没有这种全球化的联系,我们能从什么地方得到像从中国和印度运来的这么便宜的商品呢?谁又能为在那些国家的工人提供工作和食品呢?现在整个世界经济正在经历着一场巨大的衰退时,如果正确地利用这种全球化的相互联系的话,我们将会看到这种全球化带来的好处。

事实上,今日的整个世界就是一个跟当年巴比伦时期一样的大都市,只不过现在是一个全球范围的大都市。我们无法分散,所以我们要么互相团结,要么相互毁灭。我们是一个单一的整体、一个躯体,我们必须学习我们应该扮演的角色。我们越是在这方面拖延,我们和我们的社会就会变得越不健康。

所以,为了避免彼此毁灭,让我们共同下决心一起走出这场危机。当年在雷尼尔山,乔希和我在最初承受压力的那一刻也都讨厌对方,但我们决定表现得好像我们喜欢对方似的。令我们惊喜的是,这成功了。在那座山上的时候,只有我和乔希两个人。我们可以坐下来交谈。想要在全球范围内取得成功,我们需要一个全球性的通讯手段来交流这种团结的概念。说到这里,现在让我们来看一看媒体将在这方面发挥什么作用。

9

创造一个关爱的媒体

媒体在将公众氛围从疏远转化为友情的过程中必须发挥关键角色。媒体为我们提供了几乎所有我们知道的关于我们这个世界的知识。即使我们从朋友或家人那里所得到的信息通常也是通过媒体而获得的。这是现代版的小道新闻。

但媒体不只是为我们提供信息，它同样为我们提供我们赞同或不赞同的人士的轶闻趣事，而且我们是根据自己所看到的、听到的，或在媒体中读到的信息来形成我们的观点。因为媒体对群众的影响力无比强大，假如媒体内容都转向团结和统一，全世界都会跟随。

令人遗憾的是，金融危机爆发以前，媒体一直仅仅在关注那些成功人士、媒体大亨、顶级流行歌星以及在牺牲竞争对手的基础上盈利数百万、数十亿的超级成功人士。直到最近，由于危机的出现，媒体才开始了报道一些有关同情和团结的行为，比如北达科他州的法戈市数以千计的志愿者在2009年3月齐心协力用沙袋抗击红河创历史记录的洪水。

尽管这种趋势确实值得赞许，但这种零星的偶发的努力不足以把人们真正团结在一起。要真正改变我们的这种世界观，使我们意识到那个给予的愿望的存在，媒体应该全面展现有关现实的真实画面，并告诉我们其结构是什么样的。在这一方面，媒体应该制作节目以展示那个给予的愿望如何影响自然的各个存在层面的——非生命的、植物的、动物的和人类的——并且鼓励人们效仿它。与其制作邀请人们只谈论他们自己的现场访谈节目，为何不制作邀请人们颂扬别人的访谈呢？毕竟，这种值得称颂的例子不胜枚举；我们要做的只是承认并使公众关注到这一切。

如果媒体在展现人们互相关怀，并且解释说明这样的概念有助于帮助我们将那种给予的力量带入我们的生活，那么这将会把公众的关注焦点从自我为中心转到相互关怀的情谊上来。今天，最流行的观点应该是"团结就是乐趣——让我们加入这一Party吧！"

在这里我们列举某些值得我们思考的事实和数字：我们的电脑和电视基本都生产于中国和台湾地区；我们的汽车生产于日本、欧洲和美国，我们的衣服生产于印度和中国。此外，几乎每个人都看好莱坞电影；截止到今年(2009年)年底，中国将成为世界上讲英语人数最多的国家。

这里有个非常有趣的概念：Facebook(在线社交网络)，在全世界已有1.75亿的活跃用户。假设Facebook是个国家，那它将成为世界第六大国！

实际上，全球化已经是一个事实，它正向我们展示，我们已经完全相互联系在一起了。我们可以尝试抵制它，或者加入它并从这种全球化所具备的多样性、机遇和丰富中获益。

媒体有大量的方法可以向我们展示团结是一个礼物。虽然每个科学家都知道，自然中没有一个系统能够孤立运作，"相互依存"才是这场游戏的整个名字，可我们大多数人却不知道这一点。当我们目睹每个器官如何运转以使整个身体受益，蜜蜂如何在整个蜂巢中相互协作，一群鱼如何联合起来就像是一条大鱼在一起游泳(那时它们甚至可能被误认为是一条巨形鱼)，一群狼如何一起狩猎，当不要求任何回报时黑猩猩如何帮助其他黑猩猩甚至人类，我们就会知道，自然的首要法则就是和谐与共存。

媒体可以而且应该更加经常地向我们展示这样的例子。当我们认识到，这就是自然运作的方式时，我们将会自觉地检验我们的社会，看它是否和这种生命的运作法则和谐一致。

如果我们的思想开始转向这个方向，它们将创造一种不同的氛围并给我们快要绝望的生活带来希望和活力及精神，甚至在我们真正践行这一精神之前。为什么？因为我们将与大自然的那个创造生命的力量——

也就是那个给予的愿望——和谐一致。

我们越感到和其他人相联系，我们的幸福感就越取决于他们对我们的感觉。如果其他人都赞同我们的行为和观点，我们就会感觉良好。如果他们不赞同我们所做的或所说的，我们就会觉得自己不好，就会隐藏我们的行为，甚至改进它们以符合社会的规范。换句话说，因为对我们来说，对我们自己感觉良好是如此重要，所以媒体在改变人们的行为和观点上占据一个非常独特的位置。

不足为奇的是，政治家是这个地球上最依赖其选民评价的人，因为他们的生计完全取决于他们受欢迎的程度。如果我们告诉他们，我们已经改变了我们自己的价值观，他们会跟随我们的指引改变他们自己的价值取向。而想要这样去做，最简单而且又最有效的表达我们价值的方式之一是告诉他们在电视上我们想看到什么样的节目！因为政治家想要保住他们的职位，我们需要向他们表明，如果他们想保住自己的位置，那他就必须推动我们要求他们所推动的东西——团结。

假如我们能够建立起宣扬团结和合作而不只是名人和各类成功人士的自我吹嘘的媒体，我们将会建立一个能够说服我们愿望之间的这种团结和平衡是美好的环境。

爱之涌流

有位智者曾经说过，我们的心就像石头一样，而我们彼此之间的善行就像滴落在这块石头中间的水滴。一点一滴地，这些水滴会在人心中刻出一个石坑，这样丰富的爱就能注入其中。

正如在本书中已经阐述的，给予的愿望是所有生命中的快乐的源泉，而接受的愿望则是决定这些快乐的形式的力量。通过我们对其他人的善行，我们在他们心中创造出一种从被爱中接受更多快乐的愿望。

当然，我们都渴望被爱，然而却很少有人相信这种事能够发生。但如果我们共同决定相互之间给予对方爱的话，即使我们实际上感受不到它，我们将会重新燃起身边的伙伴对爱的信念：爱是可能的。这样，他们将真正地以爱回报给你，而却是真的爱，因为这就是他们在他们新近被软化的心中所感受到的。

　　所有是这一切听起来似乎不科学并且不理性，但它还是能够发生作用，因为它是在和生命中最根本的力量——也就是给予的愿望和接受的愿望——相和谐。并且由于我们正在探索不熟悉的领域时，我们总是可以使用一些额外的帮助；这里也存在一些能增加我们成功机会的技巧。本书其余的章节将描绘在一个平衡的世界中生命将会呈现一幅什么样的景像。

III

获得平衡的过程

　　以下章节将阐述我们从当前面临的危机中逃脱的途径。它们将涉及到我们具体生活中的六个基本方面：艺术、经济、教育、政治、健康和气候，并且提供一些为了我们自己的利益，我们应该怎样运用那个给予的愿望的指导方针。

10

如何通过艺术塑造出新的态度

> 我们都知道,艺术并不是真相。艺术只是一种帮助我们认识真相(或一种至少给予我们去理解的真相)的谎言。艺术家必须知道那个令他人信服他的谎言背后表达的真相的方法。
>
> 毕加索

无论媒体对我们的文化是多么重要,它自身仍然无法在精神上达成那个所必需的转变。要在我们的思想中完成这种转变,我们必须将演员、歌手及其他公共偶像和名人参与到这一过程中来。他们的作品不仅会在电视上,也会在互联网、电影院及广播电台上展示,这对传达新的信息极其重要。

很难预测,在我们熟悉了现实的给予的力量那一半之后,艺术究竟如何发展。因为我们还从来没有大规模地去尝试过,所以,当团结和给予盛行之时事情会怎么展现,我们现在还没法去表达。以下的想法将描述那些在电影和戏剧中可能出现的转变,但适用于这种艺术形式的规则同样适用于更多的其他的传统艺术手法,如绘画和雕塑。

视觉艺术是最强有力的施加影响力的手段。在周围环境中,我们所接收到的高达百分之九十的信息都是视觉信息。出于这个原因,我们思想的转变必须从我们所看到的开始,这甚至在改变我们所听到的之前开始。

从表面上看,大多数电影和戏剧的剧情都可以保留和现在差不多一样的形式:一场出于正义的动机的战斗,一段爱情故事,甚至一部悲剧。但在每一个故事的背后的潜台词应该传达一种团结的信息。

今天，当我们离开剧院或关掉DVD时，留给我们的通常会是一种仰慕英雄的感觉。我们很少在看完电影后去思考其传达的想法、概念或思想。这通常会是这样，纵使电影的确传达了某种思想。但因为影片中的道具、视觉效果、脚本和其他元素的目的是为了创造与一个人的认同，而不是为了传达一种生活方式。

如果我们检验一下那些畅销大片或畅销书的剧情，必然会得出一个结论："英雄"好销，"思想"难卖。直到现在，这也许就是事实。但时至今日，人们会需要电影和戏剧能够帮助他们来忘记他们的烦心事，或者用来帮助他们重新鼓起对未来的希望和勇气。如果操作正确的话，后者将会成为一种风潮。

如果我们现在观看那些二十世纪五六十年代的电影，它们在我们眼中看上去有点天真，有点脱离"现实生活"。很快，今天制作的电影在将来观众的眼里也将看起来脱离现实。要取得成功，艺术必须反映当前的形势，而今天的新闻则是：在接受和给予的愿望之间的团结或者平衡。

现在已经有许多关于世界末日的电影，描述人类如何摧毁了自己赖以生存的地球，并由于其恶行带来的混乱而受到天谴和惩罚、无休止的热浪、战争及食物和水耗尽的情形的出现。无论如何，艺术不应该局限于对世界末日的遐想。相反，电影应当提供有关真实现实的完整的画面信息——传达关于构成生命的这两种力量的知识：它们如何相互作用，如果我们破坏它们之间的平衡将会发生什么？如果我们恢复它们之间的平衡又将发生什么？等等。否则，艺术，尤其是特别流行的视觉艺术，将不能帮助我们实现它们的目标：来告诉我们关于生命的那两种力量的知识，以及为我们展示如何才能使它们保持平衡。

传达希望的电影

为了给人们一个理由来观看或反复观看电影和戏剧，故事情节必须是可靠的、提供确实可实现的希望以及传递一种真正的、积极变化的前

景。尽管电影的起点可以是我们当前的现实，但是电影必须要解释是什么因素把我们带入了目前的这种危机状态。当人们发现电影院已经变成了一种可以提供给他们改进他们人生的信息的地方时，人们就将开始蜂拥到那里！

想一想我们是怎样教我们的孩子过马路的吧，我们是多么认真和亲切地向他们一次又一次地解释怎样等待绿灯，怎样只在那些指定的十字路口过马路。这对孩子来说是极为重要的信息，没有它，假如他们独自在街上行走时，就会有生命的危险。

同样，现如今，这种有关在自然和人类中恢复平衡的信息也是同等重要，而且高度需要。

然而，这个转变不只是为了生存。这场危机的出现是有目的的，是我们跃升至一个更伟大的现实的一块跳板。迄今为止，我们一直关注的重点是我们自己能够接受多少。事实上，我们甚至不知道，我们被这个接受的愿望操纵着、奴役着；我们只是简单地被要求去享受。由于我们不清楚那种构成生命的两种愿望之间的相互作用，所以一直只在肤浅的表面上寻找快乐，并且因此从未经历过真正持久的喜悦和幸福。

但这场生活的戏剧同时在两个方向演变(它们二者既相反又并行)：即在相互协作和自我满足两个方向上。而**在整个现实中，它们两者的关系是：自我满足只有通过与他人合作才能实现**。

例如，在矿物中，不同的原子合作以构成矿物的分子。如果其中一个原子与其他的原子相分离，矿物就会解体。

在复杂性更高的层面上，植物和动物(包括人类)中的不同分子、细胞和器官之间也是相互协作。它们团结在一起共同创造出一种独特的生命体。在这里，类似地，哪怕是组成生物体的细胞中间只有一个分子不见了，整个机体都会生病甚至死亡。

在非常相似的情况下，在一个特定地理区域中的所有植物和动物共同创造并构成一种共生的环境。就像在第五章中我们所述的关于逆戟鲸和海獭的那个例子，每一个生物都为维持整个共生生态系统的平衡作着贡献。假如其中任何一种生物数量减少，整个共生系统都会失去平衡。简单地讲就是，自然支持并促进其构成个体的独特性；因此，生物个体的自我满足也只有在合作并将它自己奉献给其环境的基础上才可以实现。而当生物个体为了发展它们自己而去牺牲其赖以生存的环境时，自然则要么将使它们灭绝，要么强制地平衡它们的数量。

虽然我们已经知道这种自然法则很久了，但我们的所作所为却似乎表明我们不属于这个被称为"地球"的生态系统的一部分。更糟糕的是，在我们中间，我们认为一个社会或宗派可优于另一个。然而，自然一再向我们表明，自然中没有任何一种事物是多余的，自然中也没有任何一个部分优于另一个。这样一来，我们何必去认为我们自己具有优越于自然其他任何部分都没有的特权——自命不凡地认为我们可以高人一等并压迫其他人和其他物种呢？这种傲慢如果不是出于无知，那又来自何方呢？

因为我们对那个给予的愿望的无知，而正是它给予了我们力量和智慧，所以我们认为那些力量和智慧属于我们自己。如果我们了解到，我们人类同样也是那两个构成生命的愿望的产物，我们就会开始懂得在这个世界中如何和整个自然一起共同繁荣兴旺。

想要电影教给我们这一点，并且向我们展示通过合作来满足自己的这些好处能有多么困难呢？想象一下，如果我们都已经知道我们是与其他所有人紧密联系在一起的，并且知道我们都依赖于世界上其他所有人的支持，而且他们所想要的只不过是让我们能最大限度地实现我们自己的潜力？要是每个人都为社会贡献出自己的才智，并得到社会的支持和赞赏作为回报，生活该有多么美妙啊！

毕竟，这难道不是我们已经正在做着的吗？计算机工程师通过制造计算机奉献给社会，道路清洁工通过清洁街道来为社会作着奉献，你能说其中哪一个更重要呢？

如果我们记起，我们并不是依赖我们自己自愿的行为而变成我们现在这样的，而是一个伟大的系统及原初的力量在我们之内的作用成就的，那我们就不会感到要迫不及待地去证明自己。

相反，我们将会简单地享受我们自己是谁，并随时随地尽我们的能力作出贡献。这样我们会真正地享受自己作为人类的一部分——即团结同时又保持自己的独特性。

想象一下，电影为我们展示的是这些的话，这个世界会怎样！

11

在歌曲和音乐旋律中发现平衡

> 这种全新的声响领域是全球性的。它以极快的速度穿越语言、意识形态、国界和种族的界限。这种悦耳的世界语的经济是惊人的......流行音乐带来携带着有关个人和公众行为的、以及群体团结的社会学。
>
> 乔治·斯坦纳(George Steiner)

音乐是最流行的艺术形式之一；它可以作为一个推广新理念的强有力的促进器。现在，摇滚和嘻哈之类的音乐是比以往任何时代都更强有力的表达社会理念的音乐形式。自甲壳虫乐队在上世纪60年代引入印度音乐以来，民族音乐已成为促进民族认同和文化融合的流行方式。事实上，全球化同样也会为音乐增添很多受欢迎的内容。而且，今天大多数音乐家都表演几种类型的音乐作品，其中一些来自他们家乡以外的文化。因此，音乐值得我们用一个整章节来讲述。

像所有类型的艺术形式，音乐是一种特殊的、表达艺术家的内心世界的语言。每一种类型的音乐都代表了一种不同类型的接受的愿望，因此可以表达一种与那个给予的愿望不同类型的平衡。为了更简洁明了，让我们把音乐分为两类：声乐和器乐。

传递无边无际的爱的歌声

用声乐(歌曲)来定义所需的向新的方向的变化相对会稍微容易一些。就像电影一样，主题几乎可以保持相同。也同电影一样，每首歌曲背后都应该含有传达团结信息并表达现实中的两种愿望(给予和接受)的潜台词。

音乐是艺术家对自我、对最深层的情感的表达。因此，如果音乐想要传达给予和接受之间的团结和平衡的信息，对表演的艺术家而言，知道这些力量的相互作用是非常重要的。因为我们无法违心地表达我们的内心世界，所以，为了艺术性地传达这两种力量，歌手必须亲自体验这两种力量之间的团结、相互作用和相互联系性。

这样一来，每首歌曲都应该传达一种新鲜的、有活力的全新感觉。没有必要创立新的声乐类型。我们已经有了一些精彩的声乐种类：流行音乐、嘻哈音乐、摇滚音乐、爵士乐、古典音乐及各种类型的民族音乐等等。所有这些都是我们内心存在的真实表达，没有必要去改变它们。我们唯一要改变的是潜在的信息：歌词可以强调一对情侣在发现自然中的团结的努力，而不是集中于表达男女之间遭遇麻烦的情感关系。

当我们开始学习自然的给予的那一面，我们也会创作出相应的新歌词。这些歌词可以表达发生在人与人之间或者自然中的给予和接受的愿望之间的对话。如果你去仔细思考一下，你会发现这种给予的愿望不断寻求以不同的方式，通过接受的愿望表达自己的方式，与男人们不断寻找新的方式，以表达对他心爱的女人的感情(或者相反)的形式非常地相似。还有什么比把那种"爱之痛"写入歌词，并用一种旋律来装饰它更能激发人心的呢？

和谐的旋律

器乐则是另一种完全不同的音乐形式。这种西洋音乐因为注重于和谐，使得这种音乐形式成为了一种传达团结和平衡的几乎自然的艺术表现形式。许多著名的作曲家——其中最著名的是巴赫和莫扎特，十分注意保持他们的音乐的平衡与和谐。事实上，这些古典音乐，尤其是莫扎特的作品，是如此的和谐和完整，以至于英国莱斯特大学发现它甚至能增加奶牛的产奶量！虽然这些伟大的作曲家们本身都可能不知道这种平衡的深度，或者也不知道他们的音乐有一天会有什么用途，但正是这种特点使得他们的音乐至今仍然这么流行。

然而，这种平衡不仅存在于西洋音乐之中，它几乎对任何类型的音乐都是必不可少的因素，尤其是那些土著音乐。今天，我们不仅仅必须要保持这种平衡，不是因为我们喜欢它的声音，而是因为它有助于我们表达整个现实的全新的真实一面。其结果可能会非常激昂，或极其温柔，或特别快速，或刚柔并济。但不论什么类型，这样的音乐对听众的影响将是无与伦比的，因为它刚好表达了我们生命的力量！

今天，巴赫、莫扎特、贝多芬以及威尔第的音乐对我们而言似乎丰富多彩。但是，与那些表达那对两种愿望的感知的音乐相比，它们就显得还不够丰富，这种差别就像一种是二维、另一种是三维视角来看待这个世界时感觉到的那样。

12

钱、钱、钱

> 尽管财富被大规模地创造着，20世纪50年代以来，在美国或英国的幸福感就没有上升过……而且没有研究者质疑这些事实。看来，以牺牲未来为巨大代价的加速的经济增长不应该是我们追求幸福的目标。特别是，我们不应该以牺牲幸福最重要的来源为代价，也就是人与人之间那种亲密的关系，无论是在家里、以及在社区中。
>
> 理查·莱亚德(Richard Layard)，《金融时报》2009年3月11日

没有什么方面能比经济更能展现我们之间的相互关联性的了。当我们团结时，经济最先繁荣起来并伴随着我们生活的方方面面的提高。但是，当我们互相分离时，经济会首当其冲崩溃。然后，一切都会随着经济一起慢慢停滞。

很多世纪以前，当我们开始首次相互交易时，我们就开始了相互联系的过程，而这就是全球化诞生的开始。如果在那个时候我们就知道这个接受的愿望和那个给予的愿望的话，人类到现在为止被证明愚蠢的历史将可能会完全不同。

今天，已经不可能把整个世界"去全球化"。正如上一章所表述的，也正如开始引用的引言说的，我们必须开始作为一个单一的统一的人类来行动，并符合大自然的相互协作和自我满足的原则，要不然，我们所知道的生命将会结束。而这种去团结的方式就意味认识到那两种类型的愿望并将它们都纳入进来，在我们今天面临的金融危机的背景下，尤其是在财政方面。

采用更严格的监管或卖掉所谓的"有毒资产"并不能帮助我们渡过目前的这场危机。走出危机的道路就是要认识到，需要监管的是我们人的本性，而不是经济。我们的经济只不过是我们狭隘的单边思维的产物：接受，接受，为了自己的私利更多地接受。

今天，人类必须要认识到，在我们的所有的计划中，我们都应该将别人考虑进来是符合我们自己的最佳利益的，否则所有计划都将失败。因此，从危机中将我们拯救出来的计划的第一步应当是，共享信息并提供有关我们所处的世界的实际知识，也就是让所有人认识到：**整个世界是一个全球性的并且相互依存的整体，而这就是铁的真实的现实，不以人类的意志为转移的现实**。

人们应该知道存在着两股控制着世界的力量。第一股是接受的愿望，这在经济学家叫做"利益为导向的经济"，即资本主义；第二股力量是给予的愿望，其目的是促进整体的繁荣与福利。

简单地讲，在当前的金融交易中，每个人都必须获得利润否则任何人都不会获利。准确地讲，这里的 "每个人"，并不是指合同中的双方，而指整个世界的所有人。

这是否意味着，在每一个新的交易或协议达成之前，有关各方必须敲开世界上每一家的门，解释提议的交易，并要求每个人签字同意呢？这是完全不切实际的。所有这一切都只意味着，我们必须改变我们的态度，要考虑到每一个人的利益而不仅仅是我们自己的利益。

例如，每当一个新产品推出时，该产品的制造商的目的都是打败竞争对手，增加自己的市场份额，我们称这个过程为"资本主义"。然而，最终，真正发生的却是企图"窃取"那些已经在市场上的客户，而这被认为是公开承认的准则。

同样，今天的银行不再致力于推动摇摇晃晃的衰退的经济或是协助想要创业或购买房屋的人。银行只想着一件事：为其股东(业主/董事)赚取尽可能多的利润。如果他们必须支付其低级别的员工的可怜的工资，或给予人们刑事上不负责任的贷款，然后出售这些贷款给保险企业，而后者又将它们像切开烫手山芋一样一路传递下去，直到它最终出现在某个受骗者的手中，而这一切都是"普通商业"的一部分。而这一切唯一的目的就是为了在每个财政季度结束时,在资产负债表的增加项中写上数十亿的数字。

而且,这种态度并不仅仅专属于银行。实质上,每个商业企业都是如此经营的:从保险公司、银行、对冲基金到家庭杂货店。我们称之为"自由市场经济"。

然而如今,我们都必须认真检查一下我们的系统,看一看我们到底在哪里出了问题。当我们真的这么做时,我们将会看到,在我们的这个世界上有银行或保险公司并没有什么错。银行的存在本来是件好事,因为没有银行,我们的梦想就无法得到资金的帮助。保险公司也是某种积极的力量,因为它们保证了我们在出现某种特别情况时,我们不至于流落街头。

在我们的所有行为当中,唯一要改变的只是我们的意图,而不是我们的行为。如果我们大家都以不仅仅只造福于我们自己或我们的股东为目标,那么我们和我们所有的客户都将会兴旺发达,因为人们将会相互信任。显然,涉及到金钱的问题时,信任是首要的最重要的因素。

然而目前(指2008年金融危机之后),银行之间已不再互相信任,保险公司也不再信任银行或彼此,甚至没有人相信借款人,因为借款人不相信企业主不会在第二天解雇他们,而企业主本身又依赖于市场需求,而如今这些时日没有人相信市场。

这一切都迫使我们回到开始点:研究自然的法则。我们将不会互相信任彼此,直到我们了解清楚了我们自己以及整个现实是如何构成。然后,我们才能共同决定遵循那个内在的平衡公式。当我们这样做时,借款人将会相信雇主,雇主将会相信银行,银行将会相信保险公司,而每一个人都会相信市场。

因此,在我们没有学会作为一个单一的团结的人类大家庭来运转之前,我们不可能从这次经济衰退中复苏。但是当我们学会并且这样去做的时候,我们就不仅会拥有舒适的生活所需要的一切,还会有舒适的未来,并且不仅是我们,还包括我们的孩子及我们孩子的孩子们的未来。

13

正确地教育孩子

> 我认为,就这样使个性成为残废是资本主义最大的邪恶。我们的整个教育系统遭受这一邪恶带来的苦难。一种被夸大的竞争观念被反复灌输给学生们,他们在学校就被训练好准备崇拜贪婪获得的成功。
>
> 爱因斯坦

在《韦伯斯特大词典》中,教育是指"教育或受教育(受训练/被告知)的行为或过程"。但是在这样一个世界中,我们在大学第一年所学的知识的50%在第三年就已经过时了、不重要了。这样一来,我们的教育到底有什么好处?

甚至更重要的是,伴随着日益升级的全球危机,我们能保证我们孩子们的教育,甚至通过高中的教育吗?由于目前的这次危机是全球性的和多维度全方位的,教育系统必须调整自己,以便使我们的年轻人能准备好应付当前的这种世界状况。

因此,我们今天的挑战并不在于获取陈旧的知识,而在于使我们的孩子们获得社会技能,以帮助我们自己和我们的孩子克服大规模的疏远、猜疑,以及今天所遇到的互相不信任。为了让我们的孩子们准备在21世纪生存下去,首先我们必须教会他们:是什么导致了我们目前的现实变成现在这个样子的?他们又能够做些什么来改变这个现实?

这并不意味着应该停止传播知识,而是这些课程应该是一个更大的故事中的一部分,而这个要讲述给孩子们的大的故事,则是教导学生们如何应对他们即将进入的世界,并在里面幸福地生存。他们应该能够在离开课堂时，就能够使用学到的知识掌握现实的整个画面以及那些设计绘制了现实的力量，并了解他们如何利用它才能使他们获取利益。

世界上几乎每个国家的教育系统都被设计成教育的目的是为了刺激学生追求个人成就。学生的学业成绩越高，他或她相应的社会地位就越高。在美国，以及许多西方国家，这个系统不仅用来衡量学生的表现，也用来衡量学生和其他学生的表现。这使得学生不仅要表现得比别人更加出色，而且不可避免地使他们产生希望其他同学失败的观念。

在一个全球化的世界中，每个人都依赖于其他人的成功和福利，所以该系统必须完全从根源上被改革。目标应该定为促进集体的成功，而不是试图实现个人的卓越。集体的成功才是一种理想的成功并且应该是最受认可和尊敬的。

因此，每所学校首先必须要改变的是它的氛围。不必对那些以自我为中心的学生设立惩罚制度，因为社会对青年有着如此强烈的影响力，以至于他们几乎将本能地遵循社会规范。相反，一种相互关怀以及友爱和共享的气氛应该盛行。这能够通过鼓励同伴去相互辅导而被推动，即学生之间互相帮助、彼此促进，而作为回报得到社会的认可。

此外，有许多需要团队合作才能成功的练习。可以很容易地将之应用到现有的课程中，只给团队、而不是个人，进行分数评级。这样，一个学生的分数等级将取决于他所在的团队中其他的所有人。

事实上，看一看我们这个成人世界，我们很少发现某种产品是某一个人独自生产的。即使在这种情况下，还是需要强大的团队合作他们才可以获得成功。事实上，自然和我们自身的生命都在教会我们，团队合作是多么重要，那么我们为什么不从学校就开始呢？

如果今天的孩子无视我们对他们的养育之恩和为使他们变得仁爱和关怀他人而付出的努力，最后仍然变得粗暴和不听话，那么我们就可以通过创建一种孩子们需要互相依靠才能成功的学校来改变这种状况。这样的教育方式会创造出一种全新的、互相关怀对方的观念，并消除以往以自我为中心的利己主义的模式。

实际上，相互依存对孩子们来说就像呼吸一样那样自然。从出生开始，孩子为生存所需要的一切就都依赖其父母。当孩子们进入学校时，

他们的社会性需求开始发展,并且孩子们变得完全依赖于别人的认同来保持积极的自我形象。

因此,他们自然地很强烈地感受到社会作用在他们身上的力量,而且,这种影响力是这么强大,以至于如果我们创造出一个相互关爱合作共赢的氛围,我们将只需要付出非常少的努力去养育并关怀的我们的孩子。所有我们要做的就是为他们指出正确的方向,一个把他们和人类引向成功的方向,就这样,孩子们将会自然朝向那里前进。

首先,我们应该教会他们掌握自然运作的方式:在他们的生命中,包括着两种相互作用的力量,而且为了使每个人感到幸福,这两种力量之间必须保持某种平衡。我们不需要改变现行教育体系里的任何课程;我们唯一需要在总的课程中补充一个B元素:平衡(Balance)。

这样一来,生物学仍然是生物学,只需加上说明,给予和接受的力量之间的相互作用是如使生命形式从单细胞生物进化到多细胞生物的。这个原则也同样适用于物理和其他硬科学。而对于人文科学,从两种愿望之间的相互作用的角度重新检验一下人类的历史和各种社会形态将会使人文"科学"真正可以进入科学的行列。

虽然这些都已超出了本书所要阐述的范围,但人们可以很容易地明白,我们的历史是如何伴随着愿望的改变和增强一路向前演变的。没有这种不断变化和增强的愿望,我们就不会有任何变革,因此我们就不会想要改变自己的生活;我们也不会有任何新的技术和发展,因为我们将会满足于我们自己已经拥有的;我们也不会有任何政治(实际上,这未必是个坏主意)和任何规则。几乎可以肯定的是,假如我们的愿望不改变,我们可能仍然会生活在原始洞穴中。

创造一个促进平衡的学校包含两个阶段:

一、信息提供阶段:学校应该教会学生掌握有关给予的愿望和接受的愿望的知识,以及这些愿望如何在自然中共同相互作用。这既应该在专门为此设计的课程中实现,也要成为学校现成的每个课程中的一部分。

二、建立新的社会规范:在孩子们逐步了解了这些概念的基本情况之后,我们应该逐步建立促进合作、友谊和相互支持的社会规范。

想要在这个阶段取得成功，非常重要的是让孩子们明白，他们遵守这些规则并不是因为成年人迫使他们这样去做。相反，他们必须不断地认识到，与自然同步是他们在生活的各个方面都可以获得成功的最好保障。因此，遵循这一方针也符合他们最佳的个人利益。

为了能在今天的世界上生存，我们必须知道，如何作为合作者而不是竞争者来相互作用。否则，我们所做的一切都将会失败。通过教授孩子们这种合作和共享的艺术，我们将给我们的孩子们提供最好的服务，因为我们将会给他们配备他们在应对生活的挑战时所需要的最重要的工具。

如果我们逃避用这一工具武装我们的孩子们的责任，就没有人能为他们装备这些工具。通过建立这种其目标是教导学生如何在全球化的时代来生活，如何与他人共享，如何去关怀他人，并让孩子们在做每个行为时考虑到那两种生命的力量的学校，我们其实是在创造了一种唯一值得去上的学校。

14

是的，我们能够(而且必须)

> 人类将不会停止看到他们遭遇的麻烦，直到……智慧的爱好者开始掌握政治权力，或者权利的拥有者……成为智慧的爱好者。"
>
> 柏拉图《理想国》

本著作中所倡导的变化并不是一个表面上的变化，而是超越我们如何去建立我们的经济体系、我们的教育体系乃至我们的政治体系范畴的一种根本性的改变。这是一种基于我们对生命的理解，继而我们对我们生活在其中的社会的理解的基础上的变革。想要这种变化持续下去，我们必须认识到，在目前人类所处的这个发展阶段上，除非全世界全人类都共同繁荣，我们作为个体就不可能繁荣。

在过去，我们对我们自己的家庭好就足够了。通过这样做，我们在我们自己所意识到的层面(家庭)上与自然的那个给予的力量保持平衡就可以了。

随后，随着社会在发展，我们需要意识到一个更大的群体，我们开始发现仅仅对自己的家庭好已经不足够，我们应该为自己所生活的整个城镇的居民送出关怀和好意。这使我们在社区的层面上与那个给予的力量达到了平衡。

然后，我们继续发展到超越城镇和家庭的阶段——即国家的阶段，并需要在那个层面与自然的给予力量达到平衡。

然而今天，我们已发展到全球一体的全球化阶段，因而，沃尔玛必须对整个世界都这么去做。我们的意识，无论我们是否意识到，现在都包含了全人类。因此，为了和自然的那个给予的力量相平衡，我们必须积极地向全世界的每个人奉献。

不这么做的后果就是正在我们眼前逐渐展开而且在不断恶化的全球危机。而这并不是来自于某种更高力量的惩罚，而是我们自己没能服从自然法则而导致的自然结果，这就像当我们不遵循万有引力法则，在没有适当地装备好自己时，从屋顶跳下时将要遭受和感到的痛苦那样。作为人类，我们能够拥有的最好的防卫武器是意识，是对自然规律的掌握，按自然规律去做，也就是和自然保持和谐。

而且，因为"对自然的给予的愿望的意识"是我们首先也是最重要的工具，我们必须做的第一件事就是教会政治家认识到其角色和重要性。我们必须向他们展示，迄今为止我们还没有意识到这一力量，而且正是在我们思想中对这一力量的缺失造成了今天的危机。只有这样，对什么措施可行、什么办法不可行高度敏感的政治家们，才会知道为什么他们需要改变、如何去改变他们的政策，以适应今天的需求。

由于政治家每天都生活在以自我为中心的政治体系中，他们会很快认识到有缺陷的现行体系和完善平衡的体系之间的差异。事实上，对这种差异的意识的过程在金融危机爆发的那一刻便自动地开始了。

2009年1月20日，在乔治亚州亚特兰大市埃比尼泽浸信会教堂中奥巴马的讲话，是对这种认识的一个极好的例子："现在团结是最需要的——是这一刻最需要的。并不是因为听起来很好，或者因为团结能给予我们良好的感觉，而是因为它是唯一的、能克服我们这个国家所存在的赤字的方法。我不是在谈论预算赤字，我也不谈论贸易赤字，我不在谈论好主意或新计划的赤字，我谈论的是一个道德赤字，我谈论的是同情心的赤字，我谈论的是我们没有能力从另一个人的角度来认识我们自己；我们不明白我们是自己的兄弟的担保人；是我们自己姐妹的担保人，还有……我们全部都在一个单一的相同的命运外衣里连接在一起。"

意识到了这一点，我们所需要做的就是添加黏合剂，使这个外衣变得牢固而又柔软和光滑。而这实质上就是意识到，在团结的过程中，我们是和自然那个给予的力量相和谐。

　　在政治家之间实现团结并不意味着辩论和冲突要结束，而是在头脑中意识到自然的这两种愿望，只有这时，矛盾冲突才会成为变化的沃土。正如在前面章节中所描述的公众观点通过媒体发生变化那样，政治家们也不必再担心因为输掉政治辩论而失去选票。相反，如果政治家能够在认识到如果选择另一个方向对公众更有利之后而改变他或她的观点，选民会把这种灵活性当作一种优良行为。

　　此外，通过这样去做，也就是在作出赞同新的选择之前，经过对其优点和缺点的严肃辩论，使得政治家会对新的方向取得的成功更加负责任。政治家可以告诉选民："你们看，我已经衡量过各种选择并得出我的对手的方法对公众更有利的结论。因此，我认为你应该支持它。"

　　这是一个很大的责任，甚至比辩论中的"赢家"的责任都大。通过采取这种态度，不仅是团结得到了加强，而且观点也被考虑得更全面彻底。

　　国际政治将必须以这种同样的方式加以改变。在这个全球化的时代，关心这个世界远比只关心自己的国家重要得多。当然，要取得成功的话，这一趋势就必须成为所有国家的共识。它要求每个人都了解这两种支撑着我们的世界的根基的愿望。如果没有这方面的知识，孤立和保护主义将盛行，以致最终战争将会爆发。有了它，我们将最终拥有一个实现世界和平的真正的机会。

15

健康并保持健康

> 现代药物的一半都可以扔出窗外,只是恐怕连鸟都不会愿意去吃它。
> ——马丁·亨利·菲舍尔(Martin Henry Fischer)

据说,在古代中国,其医疗体系和今天我们所实践的方法完全不同。那时,家家户户都会在大门外放着一个瓦罐。在医生每天巡视村庄的每一户人家时,会检查每个瓦罐。如果他在瓦罐里面发现有硬币,他就会知道这个家里的每个人都很健康,他就会拿走硬币继续巡视别的人家。

如果他发现瓦罐里面是空的,医生就会知道这个家里有人生病了。他就会进屋并尽其所能治疗病人。当病人好转后,就会恢复每日支付硬币。

这是一个简单的保证医生将他的病人的健康做为其关注点的方法,因为只有当病人的身体健康时,医生才能继续获得报酬。为了最大限度地提高自己的收入,医生需要让人们在他的照顾下,尽可能长时间地保持健康。因此,医生会在他空闲时在村庄里走动,教导人们如何去健康地生活,并斥责那些疏忽健康的人。如果一个人很顽固地拒绝有益健康的生活方式,医生会把他从自己巡回管辖的范围里驱逐出去,并在那个人需要医疗照顾时拒绝他。

这种简单的方法保证了病人和医生都有既定的利益来保持健康——这和我们目前医疗体系采用的方式是多么地不同啊!

而在我们现代的医疗体系中,医生的工资由每日治疗患者的数量、

药品制造商所给的佣金以及医生服务的费用等级组成。在私人医疗中，那些有钱的患者可以给更好的医生支付更多的报酬，而这对那些低收入阶层的人们而言会产生在护理质量上的不平等。

此外，在如今的医疗系统中，如果人们都保持健康，则会对医生不利。事实是，这种医疗体系理论上会是，如果医生成功地保持了人们的健康的话，医生会被饿死或拿到被"炒鱿鱼"的条子！

那些宣布针对一种疾病有了一种新的药物或治疗方法而受到我们欢迎的制药公司，同样陷在这种恶性循环中。如果他们生产的药物真的能把人治好，他们就会破产。因此，他们更乐意看到我们既活着同时又生病，这样更符合他们的利益。事实上，现在的整个医疗系统(包括医院、医药公司、医生、护士和护理人员)其实在从我们的长期不健康中受益。这是医务工作者能够维持自己生存的唯一办法。

但造成这种大家都不愿看到的事实并不是任何一个人的过错。医生们并不是邪恶的人，至少不会比你和我更坏。他们被困在一个为了实现利润最大化而不是为了健康和幸福最大化而运转的系统里。这样的系统的自然结果是，病人们——普通百姓——必须购买昂贵的医疗保险来保护自己，而一旦发生医疗事故，就只好依赖司法系统。

这反过来又迫使医生购买昂贵的医疗事故保险，以保护自己不会受到医疗事故诉讼造成的损失。这反映了整个医疗健康系统的情况非常不健康！

那么，到底是哪个坏人建立了如此残破的系统？这其实是由我们自己对自然的无知而造成的。确实，也许医疗系统是最明显地反映我们现在只注意到了现实的一半时产生的症状。

治愈这个健康保障系统

显然，我们已经不能仿效古代中国的医疗制度。我们已经在我们利己主义的系统中过于纠缠，所以解开这种缠绕而不造成整个系统的崩溃是不可能的。无论如何，中国模式可以作为一个简单、低成本的以促进健康为目的的医疗保健系统的例子。

没有比医生更能理解平衡的人了。在医学中，这种平衡状态被称为"稳态"。《韦伯斯特词典》对它的定义是"一个相对稳定的均衡状态或一个机体中不同的但相互依存的元素或组成部分之间朝向这一状态的趋势"。

记得在前面章节我们所谈论的那些需要满足相互协作和自我满足的原则的元素吗？在医学中，它们是指"一个机体中不同的但相互依存的元素或器官"。

"稳态"同时也是定义身体是健康或有疾病的指标，因而，医生们很容易掌握这一概念。因此，研究两种自然的品质——给予和接受是首要的事情。这将创造出一种改变目前这个有缺陷的系统的意识和紧迫感。

每一个研究生物学的人都知道，一个健康的细胞都在尽其全力支持其赖以生存的机体，作为回报从机体那儿获得生存之所需以及得到机体的保护。而一个癌细胞正好与此相反——它从其赖以生存的宿主机体中尽量多地攫取却不给予机体任何回报。这样一来，宿主就会被癌细胞最终消耗掉，最后癌细胞也随同机体一起死亡。

出于这个原因，生物科学家们和医生们是有意识地改变内心的最好的候选人。他们比任何人都清楚所有人类成员之间互相担保，相互关怀的重要性。他们也将会理解，当前的这种系统已经进入了崩溃的倒计时，而且改变这种状况的需要迫在眉睫。

一旦这些聪明的、设计出被我们称为"现代医药"的猛犸的人，发现程式中一直缺失的那个元素，我们就可以期待，医疗保健系统将会很迅速和容易地被治愈。由于今天的医疗保健体系的复杂性，所以，至关重要的是，所有参加者不仅要意识到平衡的需要，而且要同时主动地想要去实现它。然后，就像人类的疾病症状在医疗保健系统中最明显地出现那样，它的治愈也正好将在这个系统中被最显著地体现出来。

16

保持冷静

> 到目前为止，人类一直在和自然对立；从现在起，人类必须站起来开始对抗自己的本性。
>
> 丹尼斯·伽柏(Dennis Gabor)《创造未来》1964年

从表面上看，生态环境应该是本书中最容易谈论的主题。使所有汽车电动化，所有电厂都采用太阳能或风能发电，并让一切塑料都回收利用。然后，瞧哇，整个世界将再次变为一个绿色、美丽、清凉的地方。但是，如果事情就这么简单的话，为什么迄今我们还没有获得成功？

对于这个问题，有很多的答案。最明显的是，我们一直都在如此忙于从化石燃料和廉价塑料中赚钱，以至于把所有其他都抛开，包括地球——这一我们和我们孩子们的家园。另一个似乎有些道理的答案是，太阳能效率低而成本高，利用它会把电力价格提到如此之高，以至于供人类使用太昂贵了。

然而，所有这些问题都只是集中在技术性，而置那个真正的问题于不顾——也就是我们对自己未来的家园的冷漠以及我们对其他人需求的不容忍。总之，就像伽柏博士如此精辟地表达出来的那样，真正的问题是人类的本性。

今天，对我们星球的状态置若罔闻几乎就是犯罪：我们一方面在世界的一些地方导致了洪水并破坏了所有农作物；而在世界的另一些地方，我们又导致了严重的干旱，以至于人们口渴至死。问题是我们对自然和我们自己为何如此无情？

答案是，我们一直忘记了那个创造和给予了我们生命的原始的根源——即那个给予和接受的愿望之间的力量的平衡。我们目睹这种平衡存在于大自然的所有其他存在层面：任其是非生命的、植物的还是动物的层面。唯独我们人类认为自己可以超越自然，也许理论上没有但实践中确是如此。但事实是，我们根本不能也不可能超越自然，我们确实只是自然的一部分。

我们是自然"说话的"层面，人类的层面，已是自然发展进化到今天所处的最高层面。鉴于此，我们同样也是自然中最有影响力的那一部分：也就是说，我们的行为影响着自然当中其他所有的层面。但更重要的是，就像我们的行为一样强烈地影响着自然的其他部分一样，我们的内在状态更加影响着自然，而且更加强烈。当我们的内在状态是一种不平衡的状态，一种以自我为中心利己主义状态，一种对自然中那个给予的力量处于无知的状态时，整个自然就会跟着一起陷入利己主义之中，且意识不到那个给予的力量，甚至每个层面都会跟着人类一起经受苦难——包括植物、动物和人类。而现在的全面危机正是这种状态的生动写照。

因此，即使我们现在全都驾驶电动汽车并且只使用可再生能源，这个世界也不会变得更加宜人。而这种状况，只有当我们认识到那个给予的愿望并学会如何使其成为我们生命的一部分时，这个世界才会真正开始不同，开始向好的方向发展。

思考一下：当我们遭受哪怕是像普通的感冒一样轻微的烦扰时，它会影响到我们的整个身体。我们不能轻松地呼吸，我们变得没有食欲，我们的体温上升，我们变得虚弱，我们的注意力下降。类似地，整个世界就像一个小村庄一样，我们所做的一切都会影响到每一个人和其他所有的一切。因此，我们必须从最根本的层面——也就是愿望的水平——去了解并实现与大自然的平衡，并将之落实到我们的生活中。

当然，这并不意味着，假如我帮助了一位老太太过马路，大西洋的飓风就会停止刮了。这是说，如果我们都关心他人的福利，至少像目前关心自己的福利那样，因为我们想要了解那个给予的力量，那么，我们将会一起使痛苦成为过去。

这听起来很非常好，但如果你还记得，自然中唯一的不和谐的和破坏性的因素就是我们人类的话，那么，当我们在和谐与平衡中团结起来，我们的正在变得像地狱一样的地球将会逆转这一切，就变得完全合情合理。

而最完美的是，我们不需要做任何一件事来实现这一目标。自然本身就会这样自然而然地发生，因为我们的这种新的平衡的感觉将会指导我们如何正确地管理我们自己并建立一个人间天堂。

这一切不只会在生态系统上得以实现，也同样会在经济、教育、健康和我们生活中的其他所有方面得以实现。

17

我能做些什么？

我把这本著作命名为《拯救你自己：如何在世界危机中变得强大》，因为今天我们不能依赖他人为我们这么做。你可能已经感觉到书名本身的讽刺和矛盾：虽然克服危机的唯一办法是全人类共同努力，但采取这种行动的决定却在于每个人和所有人。

正如我们在全书中阐明的那样，宇宙是在两种力量(给予的愿望和接受的愿望)之间的平衡中被创造出来的。而且因为这些力量存在于万物之中，宇宙中的每个元素不论大小，不论其复杂程度，都必须在其中保持这种创造生命的平衡。不在其中保持彼此之间平衡的物体和生物将无法生存。

在动物王国，动物只吃它们所需要的，自然在其完美的生态平衡链条上安排给它的动物，而不触及其余。这样，动物只会在有大量青草的地方吃草放牧，而会离开那些干旱枯竭的地区，或者只会捕食那些弱小或患病的动物——这样一来，它们都自然地与大自然保持平衡。自然就是如此维持并促进并保障了那些更强大的、更健康的植物和动物的繁荣和进化。

但人类的故事就不一样了。通过与自然和其他人的互相联系，我们人类不仅想要像动物那样从大自然中获取养分，也想要从其他人那里获利。当我们开始利用其他人时，我们就不再和自然的这两种力量和谐一致，因为我们在过度地运用着这个接受的愿望，而没有足够地运用那个给予的愿望。

这样，我们就破坏了创造和形成生命的这两种力量之间的平衡，因而干扰破坏了自然的整体性。我们今天所面临的全方位多维度的危机，实际上正是这种平衡被打破和丧失的体现：也就是我们人类强加于自然的不平衡。如果我们学会了如何在我们的内心中将这些愿望平衡下来——即获得我们生命所必需的，而把其余的一切都给予自然和人类——我们将立即恢复那个已经丧失的平衡，这样，所有的系统都将稳定下来，就像一个生病的人突然被治愈一样。

正如我们在前面中所阐述的那样，在创造物的各个层面，从最简单的原子到最复杂的人与人之间的关系，所有的生命存在只有通过合作和自我满足才能实现。因此，对人类的生存而言，我们所有人都必须通过我们对我们赖以生存的社会作出贡献来实现我们的个人潜力。为整体贡献在前，自我实现在后。如今，这个社会包括了整个世界，而不是某个狭隘的国家，一个城邦，一个社区，一个公司，或一个家庭。

在21世纪的第二个十年，人们将越来越清楚，个人的、自私的成功的时期正在接近结束。自19世纪以来，主宰世界的主要经济学派是"经济的个人"Economic Human (Homo Economicus)的概念，它的指导原则是建立在认为我们人类是"自我利益为中心的行为者"的概念之上。

为了扭转这一不利的趋势，并迅速治愈这个残缺的世界，我们需要作出一个微小但极为重要的修正：从"经济的个人"到"经济的人类"(Economic Humanity)，这一新的指导方针应该依赖于人是为了人类整体的集体利益的行为者，需要每个人和所有人都开始有这种意识。

就在我们将我们的态度改变为开始朝向互相使对方受益的方向的那一刻，我们将开始改正那个自巴比伦时代以来人类就犯下的错误，而这个效果将会是立竿见影。现如今，所有科学家、政治家、经济学家和商人都知道，我们是相互依存的。难怪现在这个世界的每一位领导，从奥巴马到胡锦涛，从布朗再到普京，都正在提倡团结，提倡和谐。但这需要全人类的每一个人一起来取得成功——需要世界上的每一个人和所有人。我们都置身于那个自然的平衡法则之中，没有人和任何存在例外，因此，它确实是每个人和所有人的责任。

作为结束,在最后,我想发出一个强烈的呼吁和美好的倡议,为了拯救我们自己,我们每个人都需要这样做:

> 不要问这个世界可以为我做什么,
> 而是我能为这个世界做什么。

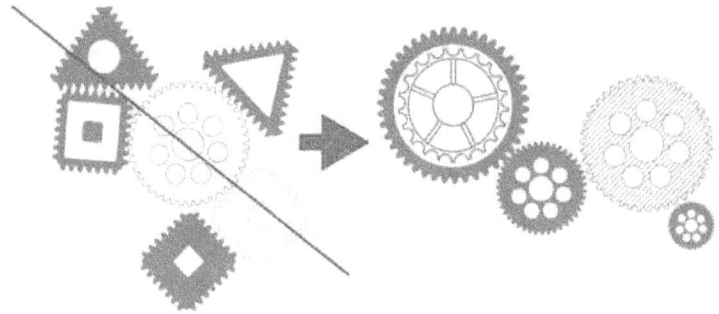

第二部

莱特曼博士有关危机和其解决之道的对话

有关世界金融危机的对话

关于自然灾害的根本原因的对话

天和地上的永恒战争

爱与真爱的对话

利己主义的目的

1 关于世界金融危机的对话
——人性的基本原理

2008年11月2日

A. Kozlov：亲爱的观众朋友们，下午好。今天国际卡巴拉学院的院长迈克尔 莱特曼博士正在接待一位客人——莱昂纳多 马卡龙先生先生，他是俄罗斯最大媒体控股公司"莫斯科Pronto"的董事，俄罗斯期刊出版社协会副会长，莫斯科国立新闻大学的教授兼广告和市场营销专业的科学顾问。

马卡龙先生：感谢你邀请我来。尤其因为我刚从美国来到以色列，给大家带来了新闻，如果有人称它为新闻的话。在此正好有机会拿它与在以色列发生的事作一比较。

A. Kozlov：我们向莱特曼博士提出第一个问题。现在大家都看得出来，一场严重的经济危机正在全世界范围内蔓延。人人都在思考和评估这场危机，很多关于危机的评论和分析资料业已出版。我们想知道你对此次危机的看法。这次危机有什么特点？它与以前的几次危机有什么不同？

莱特曼博士：这次危机与以前所有危机的不同之处在于，它的全球性，这是我们对它的正确叫法。当今人类这么定义它也是对的。

大致说来，卡巴拉几千年前就谈论过危机问题。早在80年前，20

世纪最伟大的卡巴拉学家巴拉苏拉姆曾在他的文章中谈到过关于人类全球化的问题，谈论人类将达到一个全球化的层面，并论及我们这种联系的全球性。今天，这种现象被我们称为"小小的地球村"、"蝴蝶效应"，每一个人都完全相互依赖等等。

然而，当我们发现这种全球性的相互联系这一现象的时候，我们却不知道该如何去做。我们应该以某种方式联合我们所有的愿望、需求、劳动产品或矿产资源、我们整个的劳动力市场以及我们所有的积蓄。人类在这种情况下该会怎么做——这还是个未知数。像往常一样，每个人自然地想夺取尽可能多的资源为己所有。

卡巴拉科学认为，假如我们现在已经全球性地相互联系在一起了，那么我们将没有其他选择。要么我们作为一个整体处理当前的危机，要么饱受自然越来越严厉的打击，直至毁灭，无论如何，我们都将被迫相互联系在一起。而且，这种相互联系应该是建立在一种良好的、正确的对待全人类的态度基础之上的。我们应该达到一种与自然界完全平衡的状态。换句话说，全球平衡是绝对的、普遍的、一体的。而这正是当今危机的症结之所在，一方面，客观上我们全人类已经是一个单一的相互联系相互依存的整体，这要求我们必须以整体利益为最高利益，但实际上，我们每个人，每个社会形态却还停留在利己主义的思维和行动模式上，没有跟上这种时代变化的环境。

现在的危机只是显示当今人类与自然界间出现的失衡和不和谐的第一批征兆，表明自然要求我们以同样的相互联系的方式与它相适应。因为我们的利己主义以及我们其他的所有需求、品性和能力正逐年甚至逐日在飞速地增长，显然，假如我们继续以相同的利己主义的方式发展的话，那么我们将与自然及它的普遍的平衡法则越来越背离。那么，这次危机只会是危机显现的第一征兆，更严重的危机还在后面等着我们。

这是卡巴拉描述出来的当前我们所处的状态和我们目前所处的阶段。对此我们必须认真对待，因为我们不可能按照我们的意志逃避它，我们也不可能再更大程度地与自然相互割裂，也不可能脱离他人而存在。因此，我们所有人和每一个人的未来都依赖于我们的明智决断，也就是遵从卡巴拉智慧描述的自然法则。没有人能逃脱这个法则的约束，因为我们已经达到了一个全球性相互联系的发展层面。这正是卡巴拉如何看待这个问题的，虽然卡巴拉智慧中有很多细节和微妙的地方需要进一步理解，但这是基本的主题。

A. Kozlov：谢谢！我想问一下我们的客人莱昂纳多对此有何评论。我们知道你所从事的工作使你有大量的时间去环游世界。你访问美洲和亚洲，去中国和俄罗斯……你对这一现状有什么看法？你是什么样的态度？世界是怎么理解危机何其解决方法这个难题的？目前，整个世界对已出现的这个现象了解到了什么程度？

马卡龙先生：在我回答这些问题之前，我想请问莱特曼博士一个问题：对你来说，难道不觉得我们能向人们解释他们有义务关爱他人这个问题太天真了吗？

纵观整个历史，特别是任何经济发展的历史——尤其是商业的发展，商业首先是建立在占取他人便宜的基础之上的。你只能靠占别人的便宜获利。那又怎么能在人或国家等主体之间建立起这样的一种经济关系—— 一方面它能发展经济，而另一方面又不占他人的便宜呢？

莱特曼博士：我知道这不是一项简单的工作。首先，我认为经济不应该再沿着这个到目前为止一直在发展的相同的方向发展下去。经济发展的目标应该在其发展方向上进行根本性的改变。人们应该像认识到地球是圆的那样，也能认识到地球上的一切都是属于我们大家的，人类生产的一切也是属于全人类的。换句话说，人们应该公正分配、公平地接受，利益均衡。这听起来像是一场白日梦或是一种不可能的做法。这是个"太阳城"，纯乌托邦式的。但迟早……

马卡龙先生：这是共产主义实现时的最高理想境界。

莱特曼博士：是的。但是，我们看到现今美国突然开始发起反常的社会主义运动。20或30年前谁会想到可能会这样呢？

马卡龙先生： 你是说正在实施的局部的国有化？

莱特曼博士： 是的！

马卡龙先生： 你是指美联储插手银行业？

莱特曼博士： 当然！这有悖于银行最初的创立原则。它的创立原则是自由企业。但这是哪类自由呢？

马卡龙先生： 强者生，弱者亡。但是，他们不会让银行倒闭的，不是吗？

莱特曼博士： 是的。实际上，现在我们已经看到一些改变。卡巴拉科学并没有说我们将会立刻改变人们的观点和教育。首先，我们谈及的问题是人们生存的真实世界给我们的启示，是那个我们必须依照它平衡我们自己的思想和行为的自然法则给我们的启示。否则，我们将无法生存。

马卡龙先生： 回到你用全球化视角审视危机的问题，不仅通过大众媒体之眼，而且通过接触不同的国家，我得说它已经引起了很多强烈的对立的情绪。

一方面，每个人都在谈论和撰写着这一史无前例的危机现象。例如，甚至是艾伦·格林斯潘，这位当今美国金融体系的指路人，承认了他犯的错误。他低估了对金融体系的发展不受控制存在的危险。他说，类似这样的金融海啸100年才可能发生一次。这段话本身表明了很多内容。

莱特曼博士： 换句话说，他们认为那只不过是一种正常的金融海啸，是这样吗？

马卡龙先生：不，不。他们不是这么认为的。他说这类事件一个世纪才会发生一次。

莱特曼博士：那就意味着我们将从这次金融海啸中存活下来，一切又会变得像从前一样，是吗？

马卡龙先生：是的。

莱特曼博士：但是，我要告诉大家的是，这种认知正是将要毁掉他们和全人类的根本原因之所在。

马卡龙先生：但是，除了能听到你的言论或卡巴拉理论之外，人们现在还需要维系生存。他们还需要确保当今的世界经济体系能够正常运行，不是吗？

莱特曼博士：是的，没错。

马卡龙先生：在美国，在中国发生的事情，冰岛要求俄罗斯更多的信贷，以及在非洲——其境况正在恶化，所有发生的这些事件都表明我们现在需要做出一个决定。

我们当然能呼吁人们："让我们手牵手。为什么你不能把你的原油和天然气与我们共享呢？这听起来很不现实。现如今，我想恐怕没人愿意给予他人任何东西……"

莱特曼博士：他们当然不会。

马卡龙先生：不仅不会给予别人，他们甚至会拼命去索取更多的金钱和资源。一方面，这场危机开始类似日本20世纪90年代早期发生的情形，当时发生的是通货滞涨，而不是经济衰退之后常见的通货膨胀。日本花了10年工夫都未能解决这一问题。他们向企业无偿提供信贷，企业甚至为接受贷款而获得奖励！尽管如此，企业却不愿意接受这些贷款，因为他们不知道拿这些钱来作何使用。建设和生产都是行不通的，因为没有人愿意购买任何东西。

这是目前存在的危险之一。另一方面，当所谓的第二次虚拟经济被创造出来，这也许是一件好事，因为过于膨胀的金融泡沫实际上是当今危机的真正起因。

比如，一批价值1万亿美元的产成品，但是人们却在账面上登记为一个更大的数额。换句话说，里面含有很大的欺骗成分。他们增加两个或三个不存在的万亿美元进去，而人们正花着、用着这些实际不存在的钱去发展。

实际上，这些"被登记"的钱以信贷的方式由一个国家转入了另外一个国家。这些钱推动并发展了经济。中国、巴西、印度和俄罗斯的经济都因此增长了。这些投资是建立在那些国家创造出来的财富的基础之上的——一部分"被登记"的钱作为外汇储备储存在那些国家的中央银行里。现今，当那些虚假部分被蒸发掉时，其中的"空气"就必然被释放。也许我们真的应该回归到商品与服务代表其实际价值的情况上来了。

莱特曼博士： 这就意味着要回到100年前的情形。

马卡龙先生： 也许少于100年……

莱特曼博士： 好吧，四十或五十年前。

马卡龙先生： 是的。很显然我们应该回过头来对一切事情都重新做个评估。这样它至少能影响到全球市场(主要是证券交易市场)——人们在那里从事投机交易——的运作。

莱特曼博士： 你已正确地指出它已经是一个全球化的市场。

马卡龙先生：是的。这是个全球市场，毋庸置疑。

莱特曼博士：这种情形不同于四五十年前，不是吗？

马卡龙先生：是的，这正是它特殊的地方。它的特殊性在于，假如过去一两个国家发生危机(比如20世纪90年代的阿根廷危机、巴西危机或东南亚危机)，人们能带着钱逃离到那些没有危险的"绿洲"地带，在那里等待危机过去。而现在，人们已没有地方可逃，因为危机已经影响到了全球每一个国家的金融体系。现如今，任何一家银行的冒险行为都不仅会令自身处于困境也会是全球金融体系都处于波动状态。因此，人们即便想带着钱逃离也没有什么"安全"地方可以去躲避。

这表明了一场严重的危机，一场非常严重的危机……

莱特曼博士：我认为这是一场救赎！因为，无论如何人们迟早将意识到没有任何地方可逃，他们现在必须既要顾及到自己的国家或银行，又要顾及到整个世界。

马卡龙先生：我重复一遍，你可能是正确的，但是人们需要一个能解决当今问题的办法。

莱特曼博士：要找到正确解决当今问题的办法，首先，人们需要看清他们现在已经依赖于全球系统这一事实。如果无视这一事实，人们将会给自身带来更大的打击。假如你主管着一个秘密的、相互关联的系统，你怎么能仅考虑其中一小部分而不考虑其他部分呢？你不可以说"我只想做这一部分而不涉及其他……"事实上，你做的任何事情都依赖于整个体系的运作，而且你也会影响这个体系的运作。这是无法逃避的，是不以我们的意志为转移的！

马卡龙先生：尽管如此，全球性的措施的确存在。当布雷顿森林货币体系被引进来(现今世界经济和金融体系的建立在其基础上)时……

莱特曼博士：但是，这一体系最终导致了它自身的解体，不是吗？

马卡龙先生：……全球调节器被创造出来——世界货币基金组织和世界银行，它们的任务是实现世界货币金融领域的稳定。不幸的是，他们没有取得成功，主要是因为很多国家没有理会这个综合性建议。

莱特曼博士：正是这样！

马卡龙先生：那么是，各个国家的利己主义导致了这个体系的失败。

莱特曼博士：这就意味着目前我们必须把这种全球性的利己主义考虑进去，不允许它破坏我们的体系，否则它将导致我们再一次的失败。

马卡龙先生：是的。像索罗斯、沃伦·巴菲特这样的世界经济和金融界教父级的杰出人物都承认，在一个地区或国家范围内的确存在着这样的利己主义，而有没有人知道如何应对这个问题则是另外一回事了。

莱特曼博士：明白。

马卡龙先生：很难想象人们能将所有的自然资源当作共有的财富并且一起共同使用。

不管怎样，当富有国家的一部分钱被拨给贫穷国家作为援助的时候，通过专款和联合国专用程序体现了再分配的一些基本元素。

你知道那个八国勾销非洲债务的决定吗？非洲已在不断地还钱，但是现在八国却一笔勾销了他们的债务。同样地，俄罗斯也勾销了东欧的债务。前苏联时期，非洲和亚洲国家不断地得到前苏联的经济援助和武器援助。这事实上就是这种再分配的一种形式。

莱特曼博士：我不能同意你这种说法，因为它全部都是建立在更强悍的利己主义基础之上的。我必须损失点儿什么？这就好比勾销利比亚的债务，以便利比亚将会购买更多的武器一样。我认为它不是一个正确的、良好的国与国之间的相互作为方式。

马卡龙先生：唉，但人们必须吃饭；为了吃饭，人们必须工作；为了工作，人们必须生产能够卖得出去的、被他人消耗的产品；然后，通过进行交换，他们得到自己需要的东西。

大国——美国和欧洲各国——是全世界商品的主要消费者（包括以色列）。我曾和以色列商人们开过一次会。他们说，一方面，以色列港口挤满了运来的货物集装箱，但因为人们没钱买，这些商品卖不出去；而另一方面，以色列又不能将自己的产品运到美国和欧洲，因为他们不给钱。目前需要解决这个问题。

莱特曼博士：这个问题不能按常规方式解决。自然，你无法在在受重创的地方只贴一块邦迪贴，因为治疗在于全面的解决问题。这迫使我们必须将地球上的全体居民考虑进来。

马卡龙先生：好吧，让我们拿它与病人来类比一下好了，我们知道他病了，必须送他到手术室。而我们做了什么呢，给他打一针，让他闻一下氯化铵，并简单地做了一下术前包扎。换句话说，现在根据病情要做的却是我们必须把他送进手术室。

莱特曼博士：不，这是错的！你现在想的不是手术！假如你正考虑手术，你今天的所有行动（甚至最小的和利己主义的行为）都会成功。你正想的是你怎么能把自己锁在那个相同的旧体系里面——继续从某人或某物上抢夺、霸占、获利，并且利用每个人——你还是在想使这一切能够以过去相同的方式继续存在。而这将不会发生！

如果我们真的改变了我们的路线，开始把每一件事物都当作一个全球化体系的一部分，认为属于全人类，那么不管我们今天正在做什么都

将开始正确地发挥作用。我们不能只在病人快死时,只给病人打一针,除非打针能一下子让他恢复正常的状态。他们将会失败!你将会看到。他们什么时候开会?

马卡龙先生:二十国领导人会议宣布将于11月15日召开。

莱特曼博士:你有什么预测?

马卡龙先生:嗯,如果这次会议真的召开,那么他们将意识到他们将依赖于它。

莱特曼博士:甚至作为政府?

马卡龙先生:是的。他们应该意识到有责任做些什么事情。

莱特曼博士:而且他们一定不能空手而归,是吧?

马卡龙先生:他们应该重新建立国家和金融体系间的信任,因为信用匮乏将导致世界贸易停滞。

莱特曼博士:嗯,想象一下,如果我是我们国家的领导人。我去参加了这个会议,而回来时却是两手空空,对我们的银行和金融体系没有交代,他们会怎么看我?我在他们眼里将变成什么?

因此,他们将不得不创造点儿什么。

马卡龙先生:他们必须达成共识。至少他们必须就行为的结果达成一致意见:今天、明天以及以后应该做些什么。

很显然,最重要的决定是找到一个出路来控制美国扩大发行其国债的能力,因为美国国债很大程度上是以印刷美元的方式向全世界分配的。各国领导们的主要议题之一将是——如何约束1944年布雷顿森林货币体系创立的那个机制。他们将试图建议把有时担当实际上的主要货币的欧元当作另外一种储蓄货币。他们甚至可能建议采用日元……

我不知道美国会如何反应。很多反应将依赖于两天后即将到来的大选。接下来的几个月，奥巴马或麦凯恩就此问题的辩论将对其出路的选择发挥作用。不过，他们实际上真正接管政权只能在2009年1月20日以后。事实上，美国新一届当选的总统将对11月15日做出的决定产生重大影响。

昨天以色列电视台报道说整个世界对美国大选是如何地依赖。它揭示出真正依赖美国大选的是中东和平进程和环境保护（因为美国拒绝签署《京都议定书》，该协议限制向大气中释放有害物质）。如果美国领导人为了恢复自己国家的经济，选择将来故步自封于其利己主义的国家利益之中，那么将会给世界经济带来什么后果呢？将会给那些所有东西都只是为美国生产的国家带来什么沉痛的打击呢？……

莱特曼博士：坦白地说，我对向一位病情严重的病人使用这些短时间内见效的止血绷带不感兴趣。

马卡龙先生：哦，那你就让他死吗？让他死！？

莱特曼博士：他不会死亡。自然不会让他死去。而且，自然之所以给他如此严峻的考验就是为了使他最终明白自己应该如何去做。

我们有机会弄明白当今这个现象的真正含义吗？能找到处理它们的恰当方法来说服人类或那些可能导致了这一危机产生的人们吗？

马卡龙先生：嗯，让我们假设你能向他们解释这个含义。然而，当你解释之后，他们会问你："现在有65亿人口需要吃饭。为了吃饭，任何人都应该工作、所有事物都应该运转，不是吗？……"

莱特曼博士：让我们回到从前的状态。为了解决所有的问题只有一件事情应该加上去——那就是让我们用这样一种方式解决他们……我先

给你讲个简单的法则,可以吗?

马卡龙先生: 当然。

莱特曼博士: 在人类的教育中加入什一税(一种小额的赋税,根据法律规定缴纳本人收入的十分之一)。人们需要全球性的教育,而且,你的纯收益的10%应该就能达到那个目标。这是在卡巴拉中研究的一个自然法则。

如果你这么做:假如正确的教育体系被建立起来,开始教导人们我们全人类正生存在一个怎样相互联系相互依存的体系内,告诉人们我们如果不这么做,那么我们将无法存活;如果我们让每个国家的大众媒体都介入其中……没有独立的大众媒体——你知道这个,因为你熟悉这个领域。如果我们能够激活所有这些,那么不论我们做出什么样的经济决策,他们都将会真正带来良好的结果。

马卡龙先生: 只是因为人们拿出纯收益的10%?!国家仍由以前的统治者统治,他们不会被改变,对吗?

莱特曼博士: 这不重要。没有人会改变,但是他们将会开始他们的再教育,他们会开始明白。他们将会很清楚地看到自己的处境。没有什么超凡脱俗的解释,我们存在的世界是一个单一的有机体。这意味着所有成员都应该相互关怀,相互保障,意味着我们必须以这样一种方式相互联系——每一个人都关心所有人这个整体,全人类这个整体反过来会自动保护和照顾每个个体。

马卡龙先生: 酒店老板会把钱扔到沙滩上,然后跑去把世界变成一个舒适的地方吗?

莱特曼博士: 不!他会明白他的生活、他的未来以及他孩子们的未来依赖什么,因为如果不这样,他们将无法生存。他们将生活在一个更加全球化的世界里！我们都不能逃避它。世界将越来越多地展示其所有成员间的这种相互关联、相互依赖。

这就是问题的症结所在。一方面，他们说："是的，它是一场全球危机"；另一方面，他们却不理解危机的深度和"全球性"这一词的现实含义。他们想把一切拖回到原来的状态，以某种方式重新分配。

我正在谈及的不是别的事情，而是全球教育。

马卡龙先生：谁来教？

莱特曼博士：会有人来教，这不用担心。比如遗传学家、生物学家、心理学家、社会学家——那些了解整个全球体系运转方式的人们。顺便说一句，我们大量的工作和严谨的研究都正在致力于这个问题的研究。我们将成立一个全球化的世界协会，该协会将向人们解释我们实际达到的存在状态，以及我们人类下一步将达到的状态。

我们现在已经达到了一个与以往任何一段历史都完全不同的全新的发展层面！我们已是一个全球性的整体！我们已无处可逃！我们无法再依赖于那些旧的曾经有效的发展理论，不能再用过时的方法来解决这些新的问题，因为问题产生的环境已发生了质的不同。

马卡龙先生：事实上，很多人都意识到这个星球上的物质资源是匮乏的，不足以供将近70亿人过高标准的生活。

莱特曼博士：这个观点不对！我不能赞同这个说法！这个地球能供养数百亿人！你能听懂我说的话吗？这个地球能够供养数百亿人！你的计算是不正确的，因为这个计算过程不仅出于不正确的消费模式，而且也出于对自然的力量的错误估计，因为，今天我们自身思维和行动模式是与这个自然力量是相对立的。

马卡龙先生：好吧，他们将告诉你这些都是非经济范畴的事情。

莱特曼博士：我会说——不，因为你无法想象(这一课题也将被研究到)一场丰收将在多大程度上依赖于人，而不只是依赖于肥料的数量。气候条件和生态环境也依赖于人。我们应该重视那些我们无法控制，但我们却完全依赖于它们的事物和力量。气候、各种灾难和自然现象——所有这些因素都应该考虑进来。

如果一个系统是全球性的，那么我们应该理解自然为什么这么对待我们，将我们最终放到了这种环境背景中，为什么会出现越来越大的自然灾害。当我说"全球"这个词语的时候，我的意思是说自然对我们的绝对的影响。

马卡龙先生：我不知道地球将来如何能供养数百亿人口。我知道我们今天面临的问题是怎样养活这数十亿人。事实上，全球仅有25亿人没有温饱问题，而有差不多50亿的人口却营养不良，这其中甚至有20亿人处于饥饿状态。你能使那些所谓的"golden billion亿万富翁们"的消耗减少吗？你怎么能使他们限制他们自己的消费呢？

莱特曼博士：我们有两种方式：一是用教育这种好的方式，使得他们理解该做什么，且知道该如何做的方式；或者用"棍棒"打他们的方式。当然，我不会打他们，也不是真的去打他们，但是大自然会。这就是说连续的、越来越大的系统的危机和灾难将迫使人不得不变得越来越聪明。他会开始改变其以往曾使他成功和富有的利己主义行为，并尽量改变以适应他赖以生存的体系的要求。

马卡龙先生：我想我们还是回到现实的经济体系当中来吧。恐吓人类并不是非常富有成效的。

莱特曼博士：我绝不是试图恐吓他们！他们必须接受到这种有关全球化和全球化体系下的生存之道的教育。

马卡龙先生：接下来是不是意味着：除非我们共享我们的房屋和车

辆，否则自然将惩罚我们呢？

莱特曼博士：不！不！这就是为什么我说到一切都要通过教育。通过大众媒体，人们应该被告知我们生存在一种什么样的自然中，以及自然会要求我们如何去配合它以便对我们全人类和每个人都最有利。

马卡龙先生：让我们假设人们已理解这一切。但这又意味着什么呢？难道他们会自愿交出他们所有的一切？

莱特曼博士：这意味着说超市里只会有五种口味的酸奶，而不是有一百种，五种就够人们选择了。其他商品也是这样。

马卡龙先生：你在提出一个完全不同类型的经济体系。这个体系不是建立在人的主观能动性和商业行为基础之上的吗？

莱特曼博士：不不，绝对不是！

马卡龙先生：因为主观能动性和事业心表明一个人有优于另外一个人的优势。我能做，而你却不能做？

莱特曼博士：这不是事实。你的方程式里缺少另外一个小小的协同因素。

马卡龙先生：什么协同因素？

莱特曼博士：全球化。我能消耗多少依赖于这个协同因素！因此，如果我不考虑全球化这个协同因素的话，我食用了我身体需要量的两倍，那么结果自然将以打击的方式返回到我身上。所以，哪怕是只为了我自己的利益，更值得的作法都是共享。

分配将是平等的，但是每个人都将会得到自己的那一份。

但物品分配不是无偿的，应该组织好每一件事情，只有这样，每个人的工作才会都得到回报。

马卡龙先生：让我们谈谈这个工作。为了进行宣传，为了人们能看到宣传，有人不得不发明因特网、生产互联网所需的设备及人造卫星。这些东西由非常聪明的人——通常是为数不多者——发明，由另外一些具有智慧的人——拥有我们称之为有企业家特质的人——来组织完成。他们依靠其主观能动性并实现了它。现在这个主动性被移去，今天的整个经济体也将崩溃，不是吗？你能想象这样一种状况——当人们没有主观能动性去发明创造或者因为没有利润可图而不去做事吗？

莱特曼博士：我完全赞同你的说法。你推断的是作为一个普通的生意人在利己主义思维的模式下正确地从事的生意。我有另外一个问题：我也是个生意人，并且我也以同样的利己主义方式做事，但我希望考虑的不只是今天和明天。我有孙子，我要给他们在将来留下一个好的生活空间。我能做什么才会让他们幸福呢？

我应该如何考虑到各种资源、经济以及社会关系问题来确保我的孩子们，尤其是我的孙子能继续在将来过正常的生活呢？

马卡龙先生：你是说建立一个更加舒适的世界，以使他们能在里面安全地生活？

莱特曼博士：首先，它应该是安全的。一个"舒适的"世界意味着一个人遵从控制一切的自然法则。那为什么认为你知道自然法则呢？

我们（人类）生存在自然界当中。自然的无生命层面、植物层面和动物层面都在本能地严格地遵从着自然法则。换句话说，所有动物和植物都受这个法则的自然影响。我去看病，医生检查我的健康状况，就是检查我的身体内在是否均衡、和谐。

导致人类不和谐的唯一因素是人类自身，是人类的利己主义。他掠夺一切事物，所做的一切都是有害的。他危害自然，憎恨他人，试图以他人的利益为代价来赢得一切。当有人情况比他糟糕的时候，他就开心——这样使他感觉好些。这是我们人类的天性，也正是这一天性使我们与整个大自然作对。

除非我们自己与身边的大自然保持均衡，否则，最终必将导致自我毁灭。除非我们纳入那个均衡和内在的稳定因子，否则我们所有的体系都将不再能够存在下去。保持我们与身边自然界的均衡是维系生命存在的根基。自然需要我们与它保持这种完全的均衡。

在你的商业算计中，那是与自然法则相背离的。这不能再继续下去！如果你现在不相信我说的话，你将在今后遭受的一次又一次的危机和灾难打击中明白我说的话。自然的打击一直在强迫人们进行思考，反思自己。而我想阻止人们遭受这样的打击。相信我，那些即将到来的打击是我们不能也不愿意承受的。只是我们还感知不到它们正在越来越快速地迫近人类！醒醒吧！人类！

马卡龙先生：好，那么你是在谈论人们行为的目的是在掠夺他人的财物吗？

莱特曼博士：是的，这是我们的天性。

马卡龙先生：那么，那些发明新的治疗方法和新的药品来拯救人类生命的人呢，他们也是这样的天性吗？

莱特曼博士：是的，这只不过是另外一种不同形式的利己主义。你曾是军人，而现在在经商，因此，你知道人类利己主义的表现有多种不同的形式。尽管这不是问题的要点，要点是对所有问题进行一个全面的全球性的分析，这一点必须纳入到今天的思维和行动的计算当中来。我们还不知道如何去处理它，我们正面对一个难题。

马卡龙先生：你说："我们不知道如何去处理它。"那么，我们应该怎么去做呢？

莱特曼博士：我们应该逐步去教育人们，向人们展示这个世界是一个单一的共同的有机体。

马卡龙先生：难道在这同时我们不用做其他任何事情？我们是否应该停止发明新的电子产品？

莱特曼博士：我已经告诉过你——不。为什么要停止一切呢？继续做你认为有必要做的事情。而且，如果你的目的旨在达到与自然界的最终平衡的话，那么，现在自然界就已经会友好地对待你了。

马卡龙先生：你将反作用并对自然产生影响归属为一种能力吗？

莱特曼博士：如果你扔下这块玻璃杯，它难道不会被吸到地面上吗？它能不遵守自然的万有引力法则吗？

马卡龙先生：是的，它当然会遵守。

莱特曼博士：这些法则都是一个相同的法则。你认为人类社会的法则又是如何呢？你从哪儿获知这些法则的呢？是人们发明他们的吗？或者是你从发展的历史进程中发现了它们的吗？我指的是任何一种法则。我们的内在法则又是什么样的呢？一切以基因为基础，建立在自然界赋予我们的内部的属性基础之上。它又是从哪儿来的呢？从子虚乌有？也许你会认为事物是自动地从未知世界中显现出来的。我们不知道那个一直存在着的法则，但它的确存在。不是吗？

马卡龙先生：换句话说，它被某人控制着，是吗？

莱特曼博士：不是"被某人"，是自然在控制着它。不过，它是早就被确定好的、和谐的，只需要我们加入到这种和谐当中去。从它显现的特征中我们能看得出来。它努力保持着平衡。

马卡龙先生：但是平衡，我们都非常清楚，却是排斥行动的。为了平衡不需要做任何事。而且，任何行为都会扰乱先前的平衡。

莱特曼博士：不！你生活在利己主义当中，而利己主义与自然的利他主义法则是相背离的。并且你的目的在于达到与之获得平衡的所有行为，都和你自己的现在所具有的利己主义本性是相对立的。这里存在着一块广阔的研究领域。

马卡龙先生：我不太明白这个知识怎么能用来解决当今人类面临的全面危机这个问题？与此同时，我们正忙着结束这场危机。

莱特曼博士：你能做到！

马卡龙先生：真的吗？

莱特曼博士：真的。如果现在你同时能为人类开始做大量的教育宣传的话。

马卡龙先生：为谁？为那些现在活着的人吗？这毫无意义。

莱特曼博士：为所有人。我们知道社会环境对每个个人的影响有多大。
如果所有大众媒体都向我们宣传正面的信息，而不是从早到晚报道那些诸如谋杀之类的事……

马卡龙先生：媒体将破产。只要媒体一开始只报道好消息，它就会遭到破坏。

莱特曼博士：我们将补偿他们！媒体将为人们展现一种新的社会秩

序。

马卡龙先生：谁的钱够补偿他们呢？难道由国家提供资金补贴他们吗？

莱特曼博士：我提到的那10%就够了。

马卡龙先生：因此，国家将不得不向大众媒体投入10%，对吗？

莱特曼博士：当然！美国将停止正在伊拉克或阿富汗进行的战争。战争花费他们多少钱呢？

马卡龙先生：大约一年一千亿美元，总共7500亿左右。所以，我们说我们是一个单一的整体，我们必须相互关爱。换句话说，基督教式的博爱布道将会开始。

莱特曼博士：不，它不是基督教式的布道！这是为了我们共同的幸福，人们将开始认识自然，遵从自然法则。

马卡龙先生：好的。什么书会研究这些呢？你写过这样的书吗？

莱特曼博士：嗯，目前，有相当多严谨的著作谈论到这个话题，不过，这些著作与卡巴拉没有关系。此外，我们将成立一个国际教育中心。没有它，我们将无法持续……

我们缺少全球教育。突然之间我们遭遇到一场危机，我们不知道如何应对，我们缺少解决方法。

所有国家都处在相同的处境中，如美国、欧洲、俄罗斯及其他国家。他们都突然发现不知道自己接下来该做什么了，像小孩子一样，站在哪儿，一脸吃惊地问："这怎么会发生呢？它自己坏掉了。"这是为什么呢？这是因为在我们中间起作用的自然法则对我们来说还是一个未知。

人类第一次面对这样的危机。这样的危机平均一百年都不会出现一次。可它第一次就这样出现了，而且从现在起我们不得不向理解这个全球化的方向迈进。

这就是为什么生意还将是生意。人类应该继续向前发展、进行发明创造、生儿育女，但我们必须同时开始学着遵循自然界向我们揭示的自然法则。我们要教孩子们什么呢？我们还要教他们牛顿法则和其他科学法则。但是，除此之外，更重要的是，我们必须教会他们如何在一个相互联系相互依存的环境中生存，因为我们和自然的对立只存在于相互联系这一个层面上。我们应该以自然中各存在层面采用的那种相同的相互联系的方式行为，就像自然元素在其他层面中完全平衡地相互联系在一起一样。

马卡龙先生：但是自然界既有好的东西也有坏的东西。

莱特曼博士：不。

马卡龙先生：为什么说不呢？

莱特曼博士：自然界中的东西既没有好也没有坏，因为没有哪个自然元素的行为是为了通过羞辱别人或利用他人而获得快乐。即使一种动物吃了另外一种动物……

马卡龙先生：我明白：狼吃兔子是因为它只是不得不吃兔子。

莱特曼博士：是的，它是在本能地遵从自然法则，但它也只吃一只兔子。

马卡龙先生：但是你怎么向小孩子解释这些呢？

莱特曼博士：用非常简单的方式。

马卡龙先生：为什么自然界里一只狼要吃一只兔子，而所有的动画片演的却是不允许狼吃兔子？

莱特曼博士：在我们这个时代，所有动画片里演的都是与自然真实状态正相反的情形：兔子杀死了可怜的狼，只有狼中了兔子的圈套，饱受折磨。不，我要说的是我们应该展示自然界真正的那种相互作用。就是在自然界中，所有元素相互支持。狼吃掉兔子绝不是要使兔子蒙羞，而且随后它不会杀死20只或更多的兔子。它为了生存仅杀死一只，而不会需要更多。

马卡龙先生：是的，但是这只特别的兔子有何感想呢？（笑）

莱特曼博士：而人却给自己买20辆豪华轿车，事实上，他根本用不了这么多。

马卡龙先生：我明白了。那么按照这个逻辑，世界上即使是坏人、窃贼和杀人犯，也应该是正常社会的一部分。因为他们都是自然的组成元素？或者说可能将不存在这样的人？

莱特曼博士：是社会自身造就了这些窃贼和杀人犯，当然，他们会继续存在直到社会真的发生改变。

马卡龙先生：如果所有事情都由自然控制，那么所有发生的一切都是这个控制的结果。

莱特曼博士：不。除了人是例外，自然在控制一切。人类被特别赋予了现在控制着人类的这种败坏的利己主义本性，为的就是他能够超越他自己现在的这种本性，从而自觉地达到与自然的平衡。

可能有人会问：为什么不把我们开始就创造成像机器人一样，可以严格按照这个法则行事呢？如果我饿了，我只吃半只兔子，而不会要求更多。我不需要20辆豪华轿车——我没有这种欲望，我满足于我的最低的简单需求。但这种情况下，我将仅仅是个动物而已！而且，我需要一个强烈的、利己主义的欲望，需要一个有着各种特征和多种形式的愿望。为什么呢？

之所以是这样是为了使我能够开始从一个与自然法则相对立的位置开始，获得这个普遍的自然法则。我必须获得这个法则，但不能像是一个动物一样只是盲目地、机械地顺从这个自然法则。通过这种方式而获得的自然法则将变成我自己的一部分。

马卡龙先生：通过教育？

莱特曼博士：不仅仅是通过教育。通过遵从自然法则，我开始感觉到我自己，感觉到自然，感觉到我们的相互联系。

马卡龙先生：所以一个人应该有一个小前提，但是我不相信因为我不能相信它！

莱特曼博士：不能相信什么？

马卡龙先生：这个法则。我不能相信因为没人能证明什么。你怎么证明给我看？

莱特曼博士：我来告诉你。现今的所有研究——不论是社会学的、心理学的还是生物学的研究——都表明我们在人类层面是作为一个单一的有机体全球性地相互关联着的。这一点甚至不需要证明，人们已经感觉到，并且在说我们都生活在一个小小的地球村里。

现在告诉我"小小的地球村"这个词是意味着什么？如果人人相互憎恨，我们怎么能生活在这个"地球村"呢？自然自身在迫使我们相互

考虑对方。难道我们还有别的选择吗？

马卡龙先生：嗯，如你所见，他们正在尽力做这个。联合国……

莱特曼博士：你是认真的吗？！

马卡龙先生：……并且其他国际组织也正在尽力。

莱特曼博士：他们在尽力做无用功！他们在做无用功是因为他们缺少全球化教育这个环节，如果不知道这些自然的基本原理。他们只是在宣扬着同样的口号而已："全球化"、"一体化"和"相互依赖"，然后呢？他们不知道接下来该做什么？这些只是华丽的说辞而已。现实什么都不会发生改变。

马卡龙先生：那么，到底需要做什么呢？

莱特曼博士：他们需要向研究这些法则的科学家们学习。这些是自然法则，没有人发明他们，这些法则仅仅是自然的启示。我们活在这些法则里，现在我们应该在生物层面机械地遵从它们，然后在社会层面遵从它们。所有事物都是联系在一起的。

看看所有事物是如何被设计的吧：拿宇宙、行星来说　一切都是多么的和谐。现在想象一下：一个元素想以另外一个元素为代价来得到它所需要的东西。你能想象到在无生命的宇宙界或植物界中会发生这种情况吗？而人类却无知地允许自身这么做。因此，既然人类不能与自然和谐共处，那么自然怎么会以和谐作为回馈呢？结果人类只能是自食其果。

马卡龙先生：你的意思是说如果现在人们赞同你的看法……

莱特曼博士：为了我们的子子孙孙们。

马卡龙先生：为了我们的子子孙孙们。

莱特曼博士：做你认为在你的领域里有必要做的事 我甚至不会干预。但是如果你能理解：为了我们的孩子、我们的子孙，同时是为了我们自己，全球化进程将会继续，并且会深化。

马卡龙先生：我会这么想：我不需要照顾我的孙辈，因为社会将会照顾他们。

莱特曼博士：我应该想到如果不是我自己 谁知道呢，或者甚至是我 而不是我的孩子和孙子，将一直生活在一个小村庄里。我们应该做什么来确保他们离开房间时不用担心邻居会朝他们开枪，不用担心他们会被抢劫，或者不用担心房屋被烧毁、抢劫等等？我们应该考虑这个问题。世界上的重要人物为此正在聚集在一起，他们应该正在考虑这个问题。

马卡龙先生：那么，他们不应该正在思考如何解决当今面临的这次特殊的金融危机吗？

莱特曼博士：他们当然应该！但是他们应该考虑到这个方法会给未来带来什么样的后果。然后他们将认识到现在应该做什么——他们应该立即开始全球教育的进程。我们委派你去那儿，你将谈论并告诉他们一切。

马卡龙先生：不，最好是你去那儿告诉他们，因为要讲到这些——一个人应该相信这些法则。一个人应该知道这一切……

莱特曼博士：在我看来，这些法则是显而易见的！在这里不需要相信任何事情！

马卡龙先生：这是简单的世俗逻辑。但是我猜想这个简单的世俗逻辑不足以向人类证明。

莱特曼博士：这个嘛，这是建立在自然界最严谨的生物和物理法则基础之上的。我们没什么能做的。这些法则不像那些人类制定的法则，会突然带来某些我们不愿意看到的结果。我们已看到这些"银行法则"带来的结果。不是吗？

马卡龙先生：是的，当然。现在的文化是由人类对全球这个字眼的理解编造出来的。这在某种意义上，弥补了人类存在的无能为力，不是吗？

莱特曼博士：抱歉……你指的是哪类文化？

马卡龙先生：不过，如果一个人遵照你说的话去做，那么一切都会朝着这个好的方向发展，是吗？

莱特曼博士：是的。

马卡龙先生：真的能把我们引到这个正确方向吗？

莱特曼博士：当然。

马卡龙先生：因此，这不是人类的错。

莱特曼博士：不是。

马卡龙先生：而且危机也不是人类的错，是吗？

莱特曼博士：不是，绝对不是！在这里没人应该受到谴责。但是现在如果他们继续做出不恰当的行为，那么他们将会受到谴责。如果他们再制造错误，那么他们还将会遭受另外一次甚至更多次打击。然后，他们将被迫去正确地去行动，等等。这就好比一个小孩受到惩罚后被告知："不许再这么做了。"他如果不听，会招来另一次惩罚。如此这般，直到孩子因此变得明智起来，听话为止。这就是我们学会的方法。想象一下人类看起来像什么 就像顽皮的小孩子一样，不知道为什么他们的创作作品会破碎。

马卡龙先生：这确实如此。仅仅在数月前断言一切都还正常的人们不得不承认，现在我们遇到了非常严重的大难题。

莱特曼博士：他们忽视了从自然而来的"全球化"这个概念的真正含义。我们再也不能忽视非洲、亚洲，不能忽视任何人、任何事。不能了！考虑考虑吧。

但我意识到这在暂时是不可能实现的。现在美国以及整个西方国家，还包括幅员辽阔的俄罗斯以及世界很多新兴经济体，都只注重GDP的增长和供给。我理解！但是这都不会提供帮助！假如你开始向其他国家出卖原油和所有劳动力产品，那么这只会导致事情的更加恶化！

马卡龙先生：是吗，在过去的30年里，非洲一直在接受援助。

莱特曼博士：这有用吗？

马卡龙先生：什么都没有改变。

莱特曼博士：你看！你还在说联合国。为什么要援助呢？这种援助只能助长人们的惰性和无知，导致他们不想学习或工作，不想做任何事。他们已被教育成那样！就像一个婴儿，一哭大人就给一样。

马卡龙先生：他们能做什么？他们能生产什么呢？

莱特曼博士：实际上，三四十年前，非洲还是许多商品和矿产的输出国，它发展得很正常。突然一切都变了！他们那儿开始了革命。然后发生什么了呢？

我们不需要干预。所有那一切问题将会自我解决，自动地。

让我们只专心于一件事情上吧——全球一体化教育。这正是全世界所缺乏的！人类现在不知道应该如何看待这个他突然发现自己身在其中的世界。

马卡龙先生：那么我们将面对一个问题：组织全球化教育意味着我们需要工具，需要一个体系，需要专家，需要信息传播的渠道。

莱特曼博士：当然！

马卡龙先生：我们将不得不印刷材料，发明各种电子载体，这又将把我们带回到工业领域……

莱特曼博士：当然！

马卡龙先生：那还不是不得不被人类领导……

莱特曼博士：是的！

马卡龙先生：带着他们的利己主义和观念，也许不知从哪儿来的，与你有同样想法的人就会出现？

莱特曼博士：是的！有这样的人！这个能够实现。我提到的那10%就足够了。我们必须把"什一税"用到全球化的共同教育上。它甚至受到宗教的接纳和支持。因此没什么可担心的。

马卡龙先生：8%如何，够吗？8%？7%？

莱特曼博士：你现在正试图逃避遵从这个同样的自然法则。这不能逃避！10%就是10%！

马卡龙先生：是……

莱特曼博士：我想问你我们怎么能推进这个。假如我们对此意见一致——有一分钟的时间我已经说服你了！你认为你能做些什么呢？

马卡龙先生：事实上，作为企业家，我相当清楚地知道这些困难。

莱特曼博士：难道这些不能带来任何结果吗？除了悲观和抱恩赐态度的微笑之外？

马卡龙先生：不，不！让我们假设我们能把这个观点传达给世界上20个发达国家的领导人——这些国家生产了几乎100%的世界产品，并且他们能听懂我们的话。无论如何，很难想象怎么去实现这个。我想象不出他们会一致同意创立这样一个基金——各国都向其拨款……好吧，假如建立了这样的一个共同基金，为了人类共同的幸福，有人将不得不来管理它……有人将不得不讲述这个共同的幸福！有人将不得不将其付诸实施……

莱特曼博士：请稍等！我们不能逃避这个！我们已经达到了发展人类的全球性层面！你能排斥这个显而易见的事实吗？

马卡龙先生：我不是在排斥它！

莱特曼博士：那么一个人怎么能不遵照全球化准则去还想幸福地生存下去呢？在某一时刻，我们将不得不开始做这个。

马卡龙先生：这些人将开会，并将就建立怎样的经济和社会关系才

能以使每个人幸福而达成共识。

莱特曼博士：除非有人真正向这些发达国家的领导人们解释全球化所带来的变化的真正含义，否则不会有什么变化。你明白吗？他们将使自己的国家孤立于国家利己主义的经济体中而这将是一切结束。他们将给全世界带来下一个更大的冲击。而在下一个冲击之后，他们将对任何共同的行动都感到失望，因为他们的共同行为将给世界带来可怕的冲击。这个世界将变得更加的利己主义，更加地与自然相对立。这个世界将由许多利己主义的国家组成，而下一个冲击将把这些国家一个一个地击垮。因为垮掉而试图开始独立行动的那些国家将变成纳粹式政权。接下来，第三个阶段就会到来——第三次世界大战将会进入倒计时阶段。

马卡龙先生：是的，这样的预言也存在。当然没人会希望看到这样的结果。

莱特曼博士：我明白。

A.Kozlov：如果可以，我想请教几个问题。实际上，我们的听众和观众也正积极参与到这个讨论中来。他们甚至提出解决办法，并且说很可能仅用经济方法不能解决这些问题。政治乃至军事问题——如恐怖主义——一样可能会变得恶化。人们对此产生的反应非常悲观。一些人认为人类可能会在危机中损失掉近一半的财富。那么为什么我们要吝惜这10%呢？这也许能用来作为说服的论据。

莱特曼博士：总而言之，在我看来，政府在害怕另外一些事情。他们担心失业的群众，不是担心最低收入人群而是担心那些知识分子、经理人，因为他们会强烈地对抗政权。

A.Kozlov：是的，在莫斯科，数百万这样的"白领"会涌向街头。

莱特曼博士：这是个威胁，一个非常严重的威胁，因为他们不是工人，明白吗？

马卡龙先生：顺便说一下，在俄罗斯有这样一种奇怪的现象在产生：金融基金经理找不到工作，而水管工却供不应求。

莱特曼博士：他们都必须接受再教育。

马卡龙先生：是的。俄罗斯缺少大量的真正的工人，但却富余大量的律师和经理人。因此，这些律师和经理人不得不去找新的工作。

A.Kozlov：请问莱特曼博士，我们如何落实这个思想？如果我们从经济、政治、军事和其他领域转变到教育，那么我们如何能说服人们相信公平分配是正确的吗？

莱特曼博士：这一教育应该高于所有其他决策！所有的军事家、政治家和经济学家在做任何决定之前，首先应该意识到我们生活在一个全球化的世界中，从现在起，我们世界中的一切事物都将相互联系得越来越紧密。我们无法切断我们之间的这些联系——这是不可能的！因此，没有军事、政治或经济的方法能让我们与他人隔绝。

如果我们做不到这些，我们又怎么能无视世界是全球的这一事实呢？不考虑非洲、亚洲、拉丁美洲或其他任何一个国家，我们将不能做任何事情。我们被迫这么去做！不然，我们能做什么呢？

在这方面，巴拉苏拉姆认为：我们需要到学校的课桌边坐下来，只是学习——认知全球化的真正含义。他在80年前就这样写道。

A.Kozlov：我们的观众坚持你应该参加那些领导们的会议……

莱特曼博士：(笑)是的，肯定。

A.Kozlov：与他们分享你的建议。当然，大家不知道是否有人能听得进去你的话，因此，有这样一个问题：为了让别人听进去你的讲话，你应该做些什么呢？

莱特曼博士：我认为我们应该只是传播这个知识。现在我们正通过因特网做着严肃认真的宣传传播工作，通过访问国家领导人的博客。不管他们实际上是否在接受我们的信息，这都无所谓。我们应该尽我们的所能在世界范围内广泛地宣传全球化。他们最终将会听得到我们 话题都是从内部产生的 并且我们将找到解决问题的办法。

马卡龙先生：他们当然也想找到解决问题的办法，我理解你说的意思。

莱特曼博士：解决问题的方法应该基于彼此之间的关系。

马卡龙先生：是的。重要的是让人们这么去做，不用等着更多打击的到来，说服他们自愿这么去做，并谈论彼此之间的这种联系。

莱特曼博士：如果所有的经济学家、政治家、科学家、卡巴拉学家和社会学家联合起来，开始创建一个联合组织来统治这个世界，那么他们将能做到这个，这将是一次新的复兴。假如有很多独立的组织，那么将没有一个组织能单独应对这个问题。

马卡龙先生：既然如此，我们应该致力于建立一个新的"罗马俱乐部"。这个时代，它将成为一个Tel-Aviv俱乐部或者……

莱特曼博士：叫什么都没有关系。

马卡龙先生：一个耶路撒冷俱乐部或莫斯科俱乐部，不管叫什么都将把人们重新团结的在一起。

莱特曼博士：是的。

马卡龙先生：但是这将仅是一小部分能做决定和会思考的人。

莱特曼博士：这也没关系！这些人能找到一条属于人类自己的道路。我相信这一点！

马卡龙先生：谢谢！

A.Kozlov：希望这些计划能够实现！

莱特曼博士：祝你好运！一切顺利！

出路：如何在世界危机中变得强大
The Way Out:Bail Yourself out from Global Crisis

2

有关自然灾害的根本原因的对话

2006年

大家好：

应广大观众的要求，本期节目我们将专门探讨有关"自然灾害"与"自然界破坏性行为"的话题。今天我们再次请到了莱特曼博士。

伊万·沙亚维奇（莱特曼博士的学生）：今天我们要谈一谈自然灾害这一大家都很关注的问题，所以，也许应该以下面这个最重要的问题开场。

问题：这个世界以及在这个世界上生存着的人类身上，每天都在发生着各种灾难和自然灾害，我的问题是，这些灾难和灾害究竟能否避免？

莱特曼博士：好吧，这是个老问题了。可以这么说，自从有了人类，贯穿人类整个发展的历史，我们已经经历过大大小小的各种灾难。那么这些灾难究竟能否避免呢？

问题：是否可以这样说：这些灾难在这一方面表明人类相对于自然来说是多么的微不足道，表明人类之于整个宇宙是多么渺小。另一方面，我们也可以说人类正在掌控着这一切，或者说它们都是来自上天的惩罚呢？

莱特曼博士：没错，所有的哲学思想正是发源于此，自然而然接受也好，对它抵触不承认也罢。也许我们阻止了灾难在这里发生，可是它又会在那里发生，而且发生的灾难规模会更大……因此，我们不应该去阻止，等等。况且，除了阻止之外，还有很多办法来应对它。

我愿意这样来讲这件事：通常我十分乐于解释卡巴拉智慧和今天这个话题之间的联系。这样一来，所有人都将能够向他们自己解释明白如何正确地解读目前所处的情形，也就是灾难在告诉我们什么。

卡巴拉智慧告诉我们，我们生活在一个永恒不变的现实中。这个现实被称为自然，或创造者，或者叫做"更高的法则"。而且，这个更高之光、这个创造者、这个普遍的总体法则，是处于绝对静止的状态的。说他静止，是指他不会以我们的意志变化。

《圣经》这样描写道："我（上帝）不会改变我的名字"等等。

意思就是说，我们生活在一种永恒不变的更高之光的海洋之中，而那个光具有着永恒不变的特性。

那么，什么在改变呢？真正在改变的是只有我们自己。那个包含着我们以及我们身在其中的那个光的创造的总体计划就是这样设计安排的，那个光不会改变，而每时每刻都需要我们不得不调整自己去适应那个光。

各种欲望在我内部浮现，而且我的欲望的本质与那个更高之光是相反的：它们是利己主义的，为的是自己获取、接受。然而，那个更高之光的本质却是为了给予，正如经文所说：创造者是"至善的"。

因此，我必须要相应地改正我自己的欲望，以便和那个更高之光变得一样，也要变得为了去给予。我需要进行一系列的自我改正，如果不这么做，我就会遭受到因自己和那个更高之光的相反的程度对应的各种痛苦。

事实上，整个人类和我们的整个世界，无论是无生命的静止层面、植物层面、还是动物层面、人类层面等所有存在形式，都感受到这个痛苦。他们从这个光所感受到的各不相同，它们对这个充满在现实中无处不在的更高之光的感觉是不一样的。而且，因为我们的接受的愿望不断在增长，这种渴望在一代又一代人身上不断加强，它在我们内部不断累积并增强，而且我们无法获得满足。问题是我们压根就没想过要去改正这个愿望，也不知道要去改正这个愿望，甚至不知道我们被这个愿望控制着。因此我们发现我们自己一代人比一代人在遭受更大更多的痛苦。

这正在发生的危机和灾难将会发展到这样一种地步，以至于人类在20世纪末的时候将达到一种简直无法忍受的地步，就像在2000年前的《光辉之书》中描写的那样。

人类将开始陷入毒品泛滥和自杀的深渊，绝望将成为人类所有疾病和问题中最大的问题或顽症。恐怖主义以及各种其他事件都将涌现并爆发，因为人类将感觉自己生存在一个痛苦的世界中。而导致这一切的原因只有一个：我们缺乏一个与那个我们存在于其内的更高之光的形式相一致的形式。

而这按照卡巴拉智慧给我们的建议，改正是一个很简单的办法。但这里存在着一个心理障碍的问题：一个人必须自己同意它、掌握它，认同并领悟它的内涵，并且自己想要去改变自己，然后我们就能够实际地感受到改正后带来的永恒、完整和至善。

问题：那么，这么说来，根据卡巴拉智慧，你是说灾害实际上是可以避免的？

莱特曼博士：灾害的避免完全取决而且只取决于：人类内在的利己主义的改正，即从利己主义改正为利他主义，只有这样才能恢复自然的平衡。除此之外别无它法。没有任何外在的行动能够在这方面帮到我们。

问题：你指的外在的行动是指什么呢？

莱特曼博士：假如我们开始用各种哪怕是最精确的探测仪器探测地震，或者简单来说，就是我们所发明的各种技术手段，除了内在的改正以外，其他任何技术手段最终都将置我们于不利的地步。

我们将会看到，我们生产的药品愈多，我们就会得越来越多的病。

我们在任何领域的发展取得的进步愈大，最终我们总会发现它在产生更大的负面效应。

问题：这么说来，卡巴拉智慧也承认预先决定论（宿命论），所有这些灾难都是已经事先命定必然要发生的吗？因为在《古兰经》、《新约圣经》和各种预言书中都预言说这个时代将是一个灾难的时代。那么，卡巴拉智慧也是同样的一个认知框架吗？

莱特曼博士：请允许我解释一下这个。直到20世纪初，直到以色列民族开始返回到以色列的土地上，全人类都需要经历这些艰难岁月，遭受并积累痛苦的经验。

伴随着这些痛苦，最终的进化发展阶段将会随之而来，只有这样人类才会发现：任何外在的发展都不会将人类带到一个幸福的地方。如今，我们已经到达了一个经济、社会、科技、教育及家庭生活方方面面都普遍存在危机的阶段，我们面临各种各样的社会和国际问题。而且这确实是一场总体性、普遍性的危机，也就是说，突然之间，在所有有人类参与的领域中，我们都不知道该如何继续前进。

我们不知道该往哪儿走。因为不管往哪儿走，我们最后都会发现，若干年后我们的下场会更凄惨。今天，所有的发展都将我们带到这样一种境地，得出这样一种结论，让我们觉醒去思考这样一个问题："我们该怎么办？我们生命的意义到底是什么？我们为什么是这样生活？进化背后是否存在某种计划？有没有一种会让我们不必忍受这样的失败和痛苦的进化发展规划呢？"

问题：那么，我们能够从这些灾难和痛苦中获得什么呢？

莱特曼博士：这恰恰正是《光辉之书》所预言的：卡巴拉智慧将被揭示出来，因为在人类最危急的关头将会出现一个对她的需求。

这就是为什么，我们现在看到世界各地都有人在谈论卡巴拉智慧，尽管他们还不懂得这个隐藏着的智慧的真正含意，以及为什么它会存在，它是干什么用的，它中间又包含着什么样的真理。它已经从更高世界启示下来，做为人类下一步的进化发展的指南。

问题：每个和所有灾难都在带给人某种东西，这么想对吗？我们能从中学到什么吗，我们能认为那个更高力量在向我们昭示什么，这样想对吗？

莱特曼博士：这种情况直到20世纪初以前一直都是这样的。并且由于以色列民族在1948年回归到了以色列的土地上，以色列重新获得了她在这个世界的位置。现在，以色列民族必须完成她肩负的使命，就是说她必须实现她自己，履行她自己在人类中承担的独特角色，正如卡巴拉智慧所指出的那样。这些都是为了让这个民族得到普遍的改正，然后变成"世界之光"，或者说将卡巴拉智慧带向世界的各民族。

那时，所有灾难确实都将终结，正如《预言书》中写到的：不只是邪恶的事情会结束，好的事情也会是一样。而且我们将会看到我们一定会达到那里。

问题：那么，我想了解一点。我可以拿某一次特定的灾难为例，现在尽力去理解它。比如一场地震使几万人丧生，难道它是什么都没有关系吗？但这与地震本身是什么也无关吗？

莱特曼博士：Talmud经说，如果在这个世界的任何地方，在任一层面、不论是人类的、还是自然的，无论什么麻烦 这都是以色列人的过错，而且这一切也都是为了以色列而发生的。

问题：可是它为什么会以那种方式发生呢？某种类型的灾难的出现就是为了告诉我应该从这场灾难中学习内在的改正是必要的吗？

莱特曼博士：因为所有的人都不得不得出那个结论。但是，以色列人是那些最先要开始这个改正的一群人。他们对自然的存在是根据其内

在品质与那个更高之光相似,还是与那个更高之光相对立的存在方式负有责任。

并且正是这种对立导致了各种各样的灾难的发生,甚至引发在某一颗星星上的爆炸,或者可能是导致一场看来与人类没有任何关联的森林火灾。这些灾难事件,在任何似乎与我们毫无干系的层面上,无论是在无生命层面、在植物层面、抑或是在动物层面上,它们的发生都只是因为我们与自然法则的对立,还缺乏必要的改正的结果,而这个改正只取决于我们。

问题:地理位置是否有意义呢?你说到在那些星星上的爆炸事件。如果灾难发生在欧洲或在亚洲或美国,这是否都意味着什么呢?

莱特曼博士:是的,没错,因为我们都彼此都相互包括在一个叫做亚当第一人的灵魂系统之内,在那里所有的灵魂都是相互联系在一起构成了一个单一的和那个更高之光和谐统一的灵魂。

在那里有一个重要的部分,必须首先改正,这就是对应以色列人的内在灵魂,还有在以后需要改正的其他那些外在灵魂部分,那对应于这个世界其他各民族的灵魂。因此,情况相当复杂,因为这些灵魂的相互关联创造出一种情况:"义人受苦,恶人得福",使得我们不能完全看到这些灾难和打击背后隐藏的目的是什么。

其实我们看到,从自然的根本层面来看,世界的所有民族和国家都潜意识地感觉到这一切都取决于以色列。而且,以色列在今天正在这个世界获得很坏的名声,即使我们看起来没有导致任何危害,即使我们只想和平地生活在这片土地上,善待每个人;即使这样,我们看到也不能制止这一切的发生。

问题:这么说来,只有犹太民族应该遭受到这所有的痛苦。那么,为什么整个世界也都在受苦?犹太人民首先应该开始改正吗?

莱特曼博士:是的,但是因为我们所有人在其内在的灵魂层面都是相互联系在一起的,就像经文上写的:"以色列的流放只是为了让他们和那些异邦人(其他民族)的灵魂相互融合在一起",所以,从这里可以看出我们给这个世界的其他民族留下的印象是多么深刻,因为我们处在精神流放中,在这个精神下降的过程当中,我们也处于和他们同样的一种状态中。而且我们本身也想要与他们在一起,像他们一样。

这样,我们对他们所告诉我们的就会感到印象深刻,然后这种仇恨就会达到我们,意思是那些力量就会通过这样让我们理解存在着一个我们必须改正我们自己的利己主义本性的更高的理由。为了停止这种仇恨,停止这种反犹太主义,有一些事情必须要去完成。

问题:所以,你是否真的认为这些灾难是作为以色列民族还没有改正他们自己的惩罚呢?

莱特曼博士: 不,不是惩罚,就像我描述的这幅总体的图面,你可以看到它不是惩罚,而是一个根据两个力量之间要获得形式同等的那个创造计划而运作的系统的一个发展阶段,也就是在我们的那些内在的力量和那个更高之光的外在力量之间要获得形式(品质)相等的过程的一部分。

如果这两个力量之间取得了平衡,每个人都将会感觉到永恒和完美。如果这两个力量之间不平衡,人类将遭受痛苦,而且,以色列将会是首当其冲的,因为它就是导致这种状况发生的原因。

而且,这个系统或程序已经预先被自然写就,并且在这个系统或程序内什么都不能被改变,除了我们人类的愿望,也就是我们人类唯一的自由选择选择之处,而那就是那个真的可以将我们从这种危机状况下拯救出来并且达到改正的唯一选择。

问题:那么,这个方法和任何其他方法有什么区别呢?他们说拿起某一本书,你读一遍,事情就会好转,这个世界将会改变。你做这个或那个,在这里有本质的区别吗?在这里有什么是新的吗?

莱特曼博士：这个本质的区别，并不在于读某一本书。而在于一个人学到他或她需要根据这个系统对他或她自己做一些什么必要的改变。

我认为这个本质的区别在于：你可以在这个世界上有各种著作讨论内在的改正，改善你自己的品质，"爱邻如己"以及所有类似的事情，但是本质的区别在于卡巴拉智慧会将那个更高的世界开启给我们，并引领我们到达那里。你会开始看到，而且一旦你看见那个系统和它运行的机理，并且看到你本身就是这个不可分割的整体系统的一部分，那么，你就会知道如何去正确地行动，因为没有任何理论的证据，演说或争论可以在这里给我们提供帮助。我们看到只有在一个人能够感觉它并且看到它确实是如此的时候，才能使一个人信服，也只有这时一个人才能够超越他的本性去开始一种新的行动。一个人不可能将他或她的手放在火上，或跳至一个人可望而不可及的高度。同样，当他看到这整个的自然系统，现实的系统是如何运作的时候，这个人将会正确地采取自己的行为。

问题：那么一个学习卡巴拉智慧而且感知到精神世界的人，是否它就会接受到更少的打击。或者他也接受到同样的打击，但是却对这个打击的看法不一样，因为他清楚地看到在这些打击后面隐藏着目的和原因呢？

莱特曼博士：首先，这个人不会将打击感知为是打击，因为只有一个人揭示出并看到那个真正的图像，对他或她来讲它是否会更容易，因为那个人能看清楚他自己的状况，甚至它可能很痛苦，他仍能将它看成是有目的的一件事情。

这就像一个人病了并且需要做一些治疗，但是知道最后会获得一个健康的好的状态一样。这个人已经为那个最后将会出现的状态感到幸福。这被称作"对判决的甜化"或"对痛苦的甜化"。

那个人也马上看到他或她如何能够改正这个状态并且获得一个美好的生活，不需要通过再一次灵魂转世，不需要再过一千年，并且可以不用再成为一个贫困潦倒的人，不用再不知道明天会发生什么，不用再比其他创造物更低等等。

并且这里，对你来讲，存在着一个简单、健康并对你已经公开的方法，而且在今天已经对所有人开放。

这在以前从未发生过，它已被谈论过几千年，但是没有人明白它。但是现在，他正在开始被启示出来，而且任何想要了解它的人都可以接近它，任何真正对它感兴趣的人，需求它的人都可以学习它、研究它，获得它。

问题：所以，你实际上是在说卡巴拉智慧，它的被启示和处于痛苦状态的人类对解脱其痛苦的需要会在某一点上汇合，在通往精神世界的路径的某一点上会合。

莱特曼博士：是的。

问题：那个汇合点取决于什么？听起来好像它依赖于痛苦。所以，也许现在有更多的痛苦是否更好呢？

莱特曼博士：不，如果能够说服以色列民族现在就开始去改正，以便我们不会达到这个世界上所有的其他民族（国家）都对我们产生仇恨的状态，不会达到超越我们的控制能力的状态，不会达到恐怖主义发展到我们无法控制的地步的话，将会更好。

那条改正的道路对全人类来讲都会好得多得多。它比痛苦的路径好得多。而痛苦则意味着人们知道经历那些打击将给人类带来什么样的感觉，就像我们以前曾经在二战的大屠杀中经历过的那样，直到我们决定我们需要改变一些什么。

我们可以看到即使这样的痛苦在现在也还没有带给人类正确的答案。我们已经经历过那场种族大屠杀，并且因而，有一些人开始问他们自己，"为什么，为什么会是这样？"他们也许会说，没有创造者，没有上帝存在，没有控制着宇宙的力量。有一些人甚至已经将那个让他们感觉痛苦的术语抛在一边，而只是探究"为什么"它会发生。

因而，如果像这样一场大灾难都没能将我们引领到一个我们多少应该问一下为什么它会发生的原因的状态的话，这说明我们不得不再以其他形式经历它。我们必须揭示这个方法，这个智慧，这个整体系统的运转法则以及它是如何运作的，以便人类可以了解它并将它揭示。只有那样，人类才会认识到它是可以达到的，可以实现的，也就是才可能有真正的改正。

问题：在这个世界上，有很多人用很多方式正在利用危机和灾难试图去解释，使人们确信他们是对的，试图从别人的痛苦中获取利益。卡巴拉智慧在这方面有什么不同，如何向人类解释并说服他们，说服那些处于痛苦中的人们？

莱特曼博士：当然有很大不同，我可以这样表达，也许在我说的当中你也看不到什么区别，你们知道在这个世界上有痛苦，也有它为什么产生的原因。每个人都这么说。然后，他们说这个原因是这样这样的等等，说这是人类的本性，也说人类必须改变，每个人都这么说。接下来呢？他们有没有提供更进一步的手段和方法？他们在他们手上有没有叫做更高力量的东西，有没有那个可带来改正、人们可以用它来改变其人性的更高之光呢？

人的本性是整个宇宙中唯一可以而且一直在改变的东西。我们是否可以利用某种力量来改变我们的这种天性呢？而这正是卡巴拉智慧和所有其他教义之间存在的区别。

问题：所以，实际上在这里没有东西需要使人盲目信服？

莱特曼博士：是的，没有任何要使人信服的东西。而且，通过讲给一个人听，来使他或她信服是不可能的。

如果一个人感觉不到这就是他自己的问题，感觉不到他的痛苦是与某些更高的目的和原因有关联的，而且他自己不问他自己这个痛苦的原因的话，无论如何你也说服不了他。

巴拉苏拉姆在其十个Sefirot的介绍（Talmud Eser Sefirot）（我们有六卷这样的著作，这是我们主要研究的著作，十个Sefirot的研究）中问道。他在那篇文章的开始，在那篇简介中问自己，甚至他问他自己为什么要写这本著作；它是一本非常博大精深的著作。因此他问他自己"这本书是为谁而写的呢？"他既没有说是为宗教人士，也没有说是为世俗人士，也没说是为哲学家而写。他说他唯一的读者是那些在问他们自己"我生命的意义是什么？"的人们。

它是一个最终极的问题。它仅仅只取决于一个人的内在发展的成熟度。他或她可以是一个建筑工人、一个鞋匠或一个教授。这都不重要，重要的是不管是谁，他或她开始感觉到这个问题来自内心最深处，而且不可以再忽略它的渴望。这个人必须了解为什么他或她正在痛苦。为什么他的生命充满着痛苦？而且他们不是在问如何去逃避痛苦，因为逃避不了一个有关生命本质的问题。

但是那个人询问的有关在生命中存在的一个更深层的原因，"什么是生命？它从哪里来？为什么它充满了麻烦呢？"

生命意义，这个问题有着一个更深的基础，而且一个更深的基础已是一个精神的原因。这是因为在我们的这个世界中的一切都是从精神世界演化发展而来的。有很多人来找我们，而且他们都不同，而你根本不能预先知道谁可以接受这个智慧。

问题：那么，它实际上到底取决于什么呢？是否取决于一个人遭受到一千次打击以及越来越多的痛苦，那个心里之点在他或她内心开始觉醒，或者是否他们还会继续遭受更多的打击呢？

莱特曼博士：真正有智慧的人是那些能看到什么正在来临的人，而这就是整个的差异。有的人被击打了一生，却只是低下他的头："我们能做什么呢？这就是人生。"

也就是说他或她仍然不会使自己的头脑沿着那个痛苦的感觉去进行思考，而这可以帮助他或她逃脱那些打击，并且防止下一次打击，开始去研究并找出它来自哪里并且为什么，这样他可以使这一切变得轻松愉快一些，并且由此改变他的发展的步骤。

也有一些人是随着自己的经验进化发展的，直到他们开始变得聪明，而且这些人会开始去探询生命的意义并以这种方式进化发展。

有很多痛苦是必要的，但我个人很乐观，因为我看到卡巴拉智慧是如何开始在我们的生活中扮演着越来越重要的角色。我们将不得不开始我们被要求进行的改正，而且根据我们和那个更高之光取得等同的程度，我们将相应地进入一个和平与永恒的状态。

问题：而那也会包括全人类吗？

莱特曼博士：然后会扩展到包括全人类，我们将是其他民族的光，而这实际上就是我们身为以色列人的使命。

谢谢，莱特曼博士。我希望这回答了观众对灾难这个问题的疑问。毕竟，我们结束于一个乐观的信息，不是吗？

这个世界所有的战争和灾难都是为了以色列而发生的！

——《塔木德》

3

在天和地之间的永恒的战争

2001年《Vesty报》对莱特曼博士的采访
(在特拉维夫的海豚迪斯科舞厅遭恐怖袭击后不久)

在人行道上,一个哭泣的女孩跪在摆放在地上的蜡烛的前面。她已经不知道在绝望中哭泣了多久,她黑色的裙子都已经泡在泪水当中。在她的面前,鲜艳的红玫瑰被整齐巧妙地排成一排,将那些在人行道上已经变得暗黑的斑斑血迹隐藏在玫瑰下面。

"一个男孩昨天就躺在这里",她追忆着她的男朋友并开始失声痛哭。她说,现在不是报纸报道的适当时间,因为有太多的鲜血。这是六月的第三天,在这个时刻,世界上没有任何一个人可以向跪在蜡烛前面的这个女孩提供足够的安慰。就在六月的第一天,就在这个地方,她失去了她所有的希望,剩下的只有她那透不过气来的、沾满着血迹的爱。

在一篇关于二战那场大屠杀的文章中我偶然发现这段简短的对话:"当所有犹太人被迫进入纳粹的毒气室时,你们的上帝又在哪里呢?"

"他就站在毒气室的门口哭泣。"这是得到的回答。

当我引用这一段对话给莱特曼博士时,他回答说:

"多么凄凉又美丽动人的语言,但是如果我们不知道创造的真正目的的话,这一切都绝对没有任何意义。鲜血还会再流,历史还会再演,人类的疯狂还会继续。"

问:但那个男孩所流的血和那个女孩的痛苦至少需要一个解释,如果安慰在那一刻似乎不太可能起作用的话。不管创造的目的是什么 —— 至少得有某种理由!

莱特曼博士：如果你找我是想寻求得到安慰的言语，你可能找错对象了。我不会告诉你任何有关那次流血或这些痛苦的任何事情，虽然我的伤心程度丝毫不亚于你。我的悲伤是另一种形式的悲伤，我不能参与到你们的这种无谓的悲伤中来。但是，如果你想了解现在以色列到底正在发生什么，这个世界又正在发生什么，为什么，以及我们应该做些什么的话，这我倒可以解释一下。

我们连同我们置身其中的这个世界——位于整个宇宙的最低点。创造者将我们放置在这个最低点是为了让我们能够按照他的计划，独立自主地上升到宇宙中的最高点。我们应该在完善程度方面变得和创造者相等，即被宁静和知识所充满。为达到这个目标，我们必须从我们这个世界的最低点开始在精神阶梯的所有125个阶梯上逐级开始攀登直到最后达到和创造者等同的状态。这个阶梯由五个阶段组成，每个阶段又由5个Partzufim(Partzuf的复数)组成，每个Partzuf又是由五个Sefirot组成的。加在一起，总共有125个Sefirot，125个品质和阶段。

问：你刚才所说的一切都是绝对的理论的信息。我们可以用它做什么呢？它与我们这个世界，与这些在人行道上的血迹，与这个世界发生的灾难有何关系呢？为什么我们应该因为我们被创造者放置在"这个宇宙中最低点"的计划要付出这么大的代价呢？

莱特曼博士：我们的谈话如果只是带着这样的问题和需求，我们将得不到任何结果。只有当你已经研究并理解了宇宙的内在规律，了解了超出我们这个小小的物质世界的那个精神世界的性质后，你才会得到答案。当然，你今天没有问我为什么一个人从一幢大厦的七楼跳下去会被摔死或如果他不会游泳会被淹死这样一些问题。对你而言这些似乎都很正常，因为你知道一些会造成它们发生的背后相关的物理法则，而且你对它们的可信度没有丝毫的怀疑。

但是，根据创造的发展曲线，自20世纪末以后，你和我们同时代的人都必须开始去学习那些有关精神世界的规律，这就像学习我们这个世界的物理法则一样不可或缺。这是为了就像了解万有引力法则一样，了解它们而无需对它的存在持有任何怀疑一样。我们在接受和运用精神的规律方面已经滞后了很长时间,特别是犹太人。我们一方面在无知地破坏自然(指违背自然规律),却又在我们违背了它们之后,在我们被淹死、摔死和烧伤时愤怒地抗议。

如果你仔细查看创造的进化发展的曲线,它的改正和救赎,你可以看到所有这些过程和它们发生的时间早已被预先设定好。在过去,这一信息一直被地秘密地隐藏着,只有少数几个人可以接触到它。然而今天,它已免费向全世界公开。这一信息对今天的人类非常重要。它比万有引力法则更重要。它不仅仅只是和我们在这个世界里的存在有关,而且整个人类的未来发展方向也取决于它,而首当其冲的是以色列人。

我们所有的灵魂都属于一个被称为"亚当"的单一的集体灵魂的一部分。这是创造者创造的唯一的创造物——统一的灵魂。根据创造者的计划——也就是创造的程序——这个灵魂必须使其本身和创造者的距离达到这样一种程度,以至于让它感觉和经历这个状态带来的所有的辛酸痛苦、屈辱、虚荣、缺陷和不稳定。这一切的发展过程之所以会是这样,都是为了使创造物自己想要变得像创造者一样,自己想返回并上升到创造者那儿。

从创造者的降落和之后的上升再回到他(创造者)的过程的整个的要点就是为了使这个灵魂(创造物)获得想要变得类似于创造者的渴望。当它是出于自己的自由意志返回到创造者那里时,这个灵魂就会比它曾经存在的那个原始状态时会感知到大无限倍的快乐、永恒、崇高的知识、宁静和完美。

这个灵魂从我们的这个世界向创造者的上升过程是一个逐渐的跨越125个阶段的过程——根据灵魂获得创造者的属性的程度。而且灵魂回到创造者的过程应该是在还活在我们这个世界的时候就完成,而并不是像诗人们经常描述的那样,是在死后。在这架梯子的最低的阶段是绝对的邪恶,而阶梯的最高点则是绝对的善,而这两点之间的所有中间阶段都是善战胜恶的相对的胜利。在那个阶梯上的攀升是一个人与邪恶的持续的斗争,也就是一个人与自己的利己主义的本性的斗争。

如果人类了解了这整个创造的过程的本质,他将认识到他的整个人

生实际上就是一场与他自己内在的邪恶的永不停止的战斗：逐渐将它内在的邪恶驱赶出去并被创造者的良好品质所置换的过程。除非所有的邪恶已经被创造者的良善所替换，这场战斗将一直会持续下去。

此外，当善在驱逐邪恶时变得越主动活跃，邪恶也将随之变得越强烈和残暴。这是因为灵魂在那个梯子上攀登得越高，善与恶的力量也相应地变得越极端，而他们之间的战斗也变得越激烈。

虽然善与恶之间的战争只是一种像诗一样表达的隐喻，但正是在这些善恶力量的较量中，灵魂在这个过程中，在善恶之间达成它被创造的目的。

问： 一场"永恒的战争？"

莱特曼博士： 当然，答案是肯定的。对善与恶之间这种持续的战争状态的不理解和不愿意面对，导致人们一直会抱有在这里、在这个地球上和平随时有可能实现的幻想。想当然地认为所有需要做的就是带着良好的意愿去尝试和谈判以解决各种冲突和矛盾。

纵观整个人类的历史，人类有哪一段历史是没有战争？有那一段时间不是在准备战争，就是在战争后愈合伤口呢？这是事实，正如在任何一个地方有战争，就会有犹太人的身影是一个事实一样。不论是隐藏着还是显现的，他们都在那里。他们可能是隐藏着的，因为有十个犹太部落的踪迹在第一圣殿毁灭时就已经完全消失，但是一旦我们了解了所有战争的缘由和其参与者，我们最有可能会在那里，要么隐藏着要么明显地　　发现我们的同胞。这种状况将一直延续到最后，也就是，直至最终邪恶得到改正并被良善所替换。

问：你正在描绘一个没有希望的情形！

莱特曼博士： 也正是这一过程最终会将我们引领到完美，永恒和真正的和平，而这也正是创造的终极目标。

问：我们将看不到这一过程的结束，不是吗？

莱特曼博士：谁告诉你的？再看一看那条救赎的曲线。人类在不知不觉中已经无意识地向着创造的目标前进了数千年。但是从20世纪末开始，这个灵魂将开始有意识地进行这个改正的上升过程，这与在《光辉之书》中所预言的，以及在所有其他那些最伟大的卡巴拉学家，如ARI、Vilna Gaon和巴拉苏拉姆的著作中描写到的情形完全相同。我们是有责任开始这个有意识地进行改正的过程的第一代人，但我们甚至还没有让我们自己熟悉它。我们甚至还没有痛苦到想要去了解这件事。这就是为什么会有那让人窒息的男孩的死亡和女孩的哭泣的事件产生的原因，这就是为什么在那个人行道上斑斑的血迹和像河流一样的泪水在流淌的真正原因。

问：但是我们如何才能有意识地参与这一过程，如果一切都是被预先设定好的，而且那个发展的曲线已经是被事先绘制好了的呢？

莱特曼博士：参与这一过程的唯一方法是研究那个改正的程序，自觉自愿地参与这一过程，并了解到那些使这个世界得以如是运行的规律是预先确定好的，而且是不以人的意志为转移的，是不能被改变的。人类应该认识到改正的速度和改正的程度仅仅依赖于我们自己，而这就是给人类在这一过程中仅有的自由的选择之点。每一个改正都有一个应该得到改正的时间范围。如果人类的改正滞后，那么，自然本身将会以负面的灾难性事件的方式从后面推动着人类向前走，借此向人类表明他们的未被改正的状态，促使人类必须开始进行相应的改正。

这意味着所有痛苦、悲剧和我们正在经历的危机和灾难都仅仅是我们未被改正的品质所产生的结果，都是我们未尽自己的努力及时改正利己主义的本性的结果。除非我们就像在这里准备物质世界的战争一样同时准备在精神世界中开始与那个邪恶进行内部的战争，恐怖袭击和战争、爆炸和悲剧等还将会继续下去。这是我们改正自己的本性，改正我们的自我，并且发现和克服我们内在的邪恶必须要进行的内在工作。心理学家或精神医生们不知道这种方法。这种发展和改正灵魂的方法是由犹太人的祖先亚伯拉罕发现的并作为我们（犹太人）注定的使命的一部分。我们应该在很久以前就已开始去学习并应用这个方法开始改正。

在上世纪30年代，就在第二次世界大战的前夕，20世纪最伟大的卡巴拉学家巴拉苏拉姆就大声疾呼犹太人这样做。但是他们不听从他的意见。

我们一直在被强制着要求开始我们自己的改正，控制我们的宇宙变成天堂还是地狱。但与此同时，我们应该停止梦想战争会以人类一直以来认为可以结束的方式结束。

问：你好像剥夺了我们和平和安慰的所有希望，而所有其他宗教都在祈求它！

莱特曼博士：我的目的是向人们展现那场善与恶之间的战争的真实的画面和其背后隐藏着的崇高的创造的计划和目的。我想呈现导致那些爆炸和战争发生的背后的那些算计和力量。我不是为了安慰某人而谈这些，而是分享我们可以对抗那个真正的邪恶的知识。如果我们按照创造的计划开始改正自己，那么，我们就不会再感到善与恶之间的激烈矛盾，就像它们在这个世界会以灾害和灾难的形式显现一样。因此，一切都取决于我们在这个改正过程中的参与，以及我们在这个过程中参与的积极主动程度。

如果我们改正自己并且与那个事先设定好的我们人类进化发展的计划，与感知精神世界的步伐同步前进的话，那么，最终我们将会感到更宁静、更快乐、更舒适。

这就是为什么我们在我们的学习团队中，教导灵魂的改正而不是以"心情舒畅"的方式朗读《圣经》的诗篇。所有宗教都在谈论这个世界的痛苦和在下一个世界将会得到的奖赏。但卡巴拉智慧也绝不是声称我们在这个世界遭受的所有悲剧只不过是进入伊甸园的门票的代价。我们遭受的悲剧绝对不是那个代价，而是一个我们精神的品质没能及时得到改正而导致的结果。除非我们改正我们现在的利己主义本性，这种悲剧还将继续上演下去。下面是一个简单的比喻：如果我的车不能正常工作，除非修好它，否则我将会不断遭受车辆抛锚带来的痛苦。如果我耽误了它的修理时间，问题将会变得更加严重，直至导致事故甚至车毁人亡的灾难。

我也决不是想要勾画一个玫瑰色的美好未来的图画：我们正处于与那个邪恶的永恒的战争的中间，只有我们那个内在的邪恶得到及时改正，并且消除掉它对我们施加的影响，战争和恐怖袭击才可能被制止。我们已进入了一个必须有意识地自觉地参与这一改正的阶段，并且从现在起我们的本性将推着我们有意识地采取行动。我们越长时间滞后于创造的计划，它将会更严厉地从后面以危机、战争、灾难的形式，以痛苦的形式推动我们，因为那个神圣的力量和邪恶势力之间的战争将一直继续下去，直到痛苦让我们无法忍受并且没有任何别的选择的余地，而不得不选择改正，直至改正的结束。

问：创造者为何会设置一个允许对他的创造物造成这么多痛苦的目标，如何才可以证明这样一种创造过程，这样的一个目标的合理性呢？

莱特曼博士：只有当你看到一幅完整的宏伟的创造过程和未来的图片时。如果你没有看到，你无法证明它，你也不能改变任何事情，并且你会发现自己某一天又会站在另一个哭泣的女孩旁边。只有当你了解了他(创造者)的方式和创造你的目的时，你才能够愉快地改变并主动地参与改变。只有到那时你才会证明他（创造者）和他的目标的合理性。但在此之前，你会谴责他，尽管对他有着所有最美丽的赞美词和诗歌。今天，任何一个明智的人，在他已经了解了有一种方法不仅可以跟踪行星、彗星、原子和人类基因的轨迹，而且还可以掌握创造者的法则、方式和目标时，至少都会有兴趣开始学习这一最重要的智慧。我知道人是懒惰的和好奇的，但如今这种懒惰已经导致了太多的悲剧。除非这一目标被达成，在这个世界中的每个人都要在物质和精神层面上作斗争。这一点根本不自相矛盾。

问： 但我们却在学习那些不那么重要的科学。那些我们的生活都不依赖的东西，更不用说我们永恒的生命，那么为什么会让我们自己忽视这样一个重要的领域，而不去直接处理与我们的未来真正相关的事情呢？

莱特曼博士： 宇宙最初是由两个相互矛盾的力量创造形成的。这就是为什么这场邪恶被良善征服的战争是必要的。它是一场内在的战争，同时也是一个发生在这个地球上的外部的战争。大卫王的整个一生，就是以色列国和其国家形态的生活原型，就是一个见证：他打了40年战争又用40年来写下了伟大的《诗篇》。

大卫王是一个人应如何在这个世界中不断同自己外部和内部的敌人作战的典范。他清楚地显示我们精神的提升是一场精神的战争，而在我们这个世界的战争只不过是那场精神战争滞后的反射。

我们现在必须认识到等待和平是毫无意义的，它不会自动到来。相反，各类危机和军事冲突将会持续升级。但是我们可以将从这场战争从这个物质世界转移到精神的层面并在那里赢得这场战争。然后，我们将在我们这个世界见证人类渴望了几千年的真正和平。

我们决不能够忘记这场在物质和精神两个层面上的战争是不可避免的。它将继续直到全人类整体改正的结束。在任何情况下，我们都不应该欺骗我们自己，相信协议、让步、祈祷或其他物质的行为可以避免这场物质世界的战争，因为只有针对我们的精神灵魂的改正的工作才能拯救我们全人类。

这场物质世界的战争是不可能通过消灭有形的敌人来避免的，甚至连我们在我们的国家短短50年历史的过程中取得的这种压倒性的胜利也没有用。改正（邪恶的消灭、和善的联合以及创造者的接近）只能在更高的精神世界中实现。战争的停止只不过是与创造者重新团结统一的自然结果，而这只有通过学习并应用卡巴拉智慧才能实现。

问： 什么是以色列"自然的边界"呢？

莱特曼博士： 在我们这个世界中，以色列的领地的自然边界是受从精神世界的以色列领土降落下来的精神的力量影响的领域。这个星球的每一部分都受到来自那个更高世界的一个特定的更高的力量的影响。正如经文所说："改变环境，改变运气"。那些生活在同一个地方的人有着类似的身体结构、面部特征和性格特性，但如果他们迁移到另一个地理位置足够长的时间的话，其内部和外部的特征也会跟着环境而改变。

在精神世界中有70种力量或能量降落到了我们这个世界并产生出70个国家(民族)。每个民族都占据着它自己的领土。今天，在我们这个世界中的一切都被混合在一起，但是这70种力量仍然从那个更高世界下降到我们这个世界，而且，他们每个力量对每个民族的原始领土的作用仍处于活动状态。当一个人看见那些从更高世界降落下来的力量时，一个人就可以明确地指出以色列的精确的边界。

但这不是问题的主要部分。重点在于创造的改正。除非它得到了改正，否则，精神的战争和物质的战争都不会停止。所以，我们保留军队的实力和强烈反击任何试图伤害我们的企图是我们的责任。

当一个人认识到只有一种去战斗的方式，只有一种赢得总的胜利的方法，而且与邪恶没有协议可言(根据创造的思想)，那么我们必须在精神上攻击邪恶就是可以理解的了，它应该先于内心和外表上的战争。

我们必须通过征服它来改正内在的邪恶、消灭它并且在它之上建立良善。在外部也应该应用这种相同的原则。

认为通过协定和退让措施将会阻止战争和恐怖主义在以色列或在世界范围内的发生的想法是错误的。它与创造的计划相违背。它只会使问题更加复杂化，因为它加强了邪恶。

我们应该以大卫王为典范，在这个世界和精神世界都要像他那样打击邪恶。因为我们的时代已经表明我们正处在改正的结束和弥赛亚即将到来的时刻，远比大卫王时代的条件要好。

因此，就像在《光辉之书》中所描写的，只有通过对《光辉之书》的研究才有可能影响那些更高的力量、战胜邪恶并且将整个世界从未来的大灾难中解救出来。

问：我知道很多人正在研究卡巴拉智慧和《光辉之书》，但似乎没有看到可见的结果。

莱特曼博士：其结果是彻底改正的自然结果。它不能通过个人的努力获得。回忆一下那些先知以及他们带给以色列民族的信息。我们需要开始学习卡巴拉智慧就像一个人要去上学一样。这完全不意味着每个人都应成为一个卡巴拉学家并且学习该教义最深的奥秘。最重要的是要使人们了解进化发展的基本规律和在卡巴拉智慧中描述的那个对灵魂的改正。我们所处的这个时代要求它。

除了研究之外，我们应该从根本上改变对战争的态度，并且将它们视同改正。我们不应该尝试逃避它，而应成熟地面对它，因为这是为了我们的灵魂的改正。我们必须了解在精神世界的战场上发生着一场永恒的战争，并且只有当我们在那里终止那场战争时，我们才会在我们的这个物质世界上终止所有的战争和苦难。

问：我们在不是很久以前，结束了一次精神流放，返回到了这片神圣的土地。现在有很多人再次离开，开始一次新的流放，因为害怕在我们国家发生的这场永久的战争。

莱特曼博士：是的。很多人想要离开以色列，而且许多人会离开。通过这样做，他们会在自己的精神账户中添加更多欠债。他们也许不会听到他们的家园附近的爆炸声，但在几年的时间之内，他们将成为更大灾难的受害者。

一切都是预先设定好的，没有人能逃脱他的命运。也没有人能逃脱创造者赋予他的使命——就像先知约拿的故事所表达的那样（见《圣经》约拿篇）。对每个灵魂的命运做出的决定已经在更高的精神世界根据其灵魂轮回、其命运和其预先设定的有限状态做出。除非你已经了解了这些，否则，我的话你会听起来很空洞。

卡巴拉智慧可使人们应付在这个世界里的战争并且在精神层面控制它，消灭它，充分意识到那个特定的胜利。

精神之光通过一个在我们的这个世界存在时的有意识的、艰苦的斗争、起伏和失败等等逐步降落下来，但不会一次就降落下来。那场总体的战争与我们每个人内心中的战争是同一回事。通过对卡巴拉智慧的研究，我们将实现对整个创造的过程的控制，并引领一场将要为创造者建立一个至圣所的战争。我们不应对未来和平的希望提出过高的期望。这些力量之间的冲突是必要的，而且是我们这些以色列人决定着这一过程以及那些将要降临在我们身上的事件。

在以色列建国以来已经经历过很多的战争。但是还有我们不知道的战争。如果一个人事先知道这场战争的必要性，并且了解它的最高的宗旨及其道德的基础的话，那么敌人将会被有效和丝毫不用流血地击败，以至于这场战争在不经意间已经在内心中结束。而不会演化成物质世界的可怕的血腥的战争。

创造者告诉我们："上帝会为你争战，而你们只管静默，不要做声"（《出埃及记》14.14）。那是因为这是创造者的战争！当人们能够看到它在更高的世界上发生时，他就几乎不会在这个世界感受到这场战争。

问：但是我们确实感觉得到那些战争带来的可怕的痛苦。如果，就像你说的，人类可以将这场对邪恶的战争转移到精神层面并由此减轻肉体的痛苦，那么为什么它还没有发生，它为什么要向我们隐藏呢？

莱特曼博士：我们生活在的这种黑暗和隐藏状态，我们对未来的一无所知和我们想知道它的那种无能为力，是我们所处的精神状态的反映。只有我们在学习卡巴拉智慧 《光辉之书》这本伟大的著作时，我们才可以改变它。即使我们不急于与创造者建立起联系并达成精神世界，各种各样的事件还会将我们以痛苦的方式推向创造者，以便迫使我们和他建立这个联系。

整个的宇宙都被设计成我们应该连同创造者一起发动反对"法老"、反对邪恶的战争这样一种运行方式。我们内在的战争应该以一种这样的感觉方式开展，不是我们在操纵这一切，而是创造者在导演着这一切。一个人只有通过卡巴拉智慧提供的方法才能获得这样的感觉，才能认知宇宙的这个导演，并了解这个最伟大的导演想让你在宇宙创造这出大戏中所扮演的角色是什么。

问：你曾经说过在精神上不应该有强迫，并且一个人不能被强迫去学习卡巴拉智慧，被强迫着去对精神世界的结构和那个最高的管理结构感兴趣。

莱特曼博士： 没错。强迫任何人研究卡巴拉智慧是不可能的。只有当他感到不幸福时，一个人才能有兴趣开始这种研究。只有需要才能驱使人类向前进化发展。我认为在一年或两年，人们会开始感觉到他们应朝哪个方向前进。在任何情况下，时间都在我们这一边，都在学习卡巴拉智慧这一边。

如果人类中有10%会觉得有必要研究卡巴拉智慧并且在每周时间内传播几个小时，那么50%-70%的人就会了解这个工作的重要性，并且知道如何去获得那个'更高的控制'的方法的重要性的话，这将改变那些精神力量之间的平衡，并且将引领那个被称作弥赛亚的力量的到来。

人类一代又一代过去了，也就是，灵魂通过一次一次的再生轮回到这个世界，化身到物质的身体上并对它发动战争。我们对这场战争没有意识；它发生在我们内在的无意识的层面上。而我们认为我们只是在为了生存而挣扎，在逃避痛苦和追逐快乐。

但这是我们内在的战争。外部的战争只是人类的本性以及它的想控制他人的愿望所造成的结果，因此，在人民之间、在政党之间和在各种各样的竞争中的争斗导致了国家之间的战争。

当灵魂在一种无意识的抗争状态下经历一定数量的再生后，当然人们并不知道其原因以及他的各种努力的目标，由于灵魂再生的过程是隐藏着的，灵魂逐渐从无意识层面上升到开始改正的下一个程度，也就是上升到了一种有意识地进化发展的阶段。为了能够自觉、迅速、顺利地改正我们自己，卡巴拉学家开发了一种称为卡巴拉智慧的特殊方法。它是有关人类灵魂的科学。它必须而且只能在灵魂进化演化的最后阶段，即有意识的阶段开始被学习研究和应用。

前面几个世纪的卡巴拉学家们都写道，这个时间将从以色列第四次也是最后一次精神流放返回的时间开始。更精确地说，16世纪的Vilna Gaon曾经说道，到1990年代，这个新的时代将开始。20世纪最伟大的卡巴拉学家耶胡达·阿斯拉格（巴拉苏拉姆）在20世纪初就指出，1995年将是这个有意识改正的开始。

不论什么情况，这一进程已经开始。而且，我们看到这个犹太智慧是如何教我们关于个人灵魂的改正，这个到目前为止一直向我们隐藏着的神秘的伟大智慧，现在对很多人，特别是我们这一代人变得越来越重要。

巴拉苏拉姆写道，卡巴拉智慧的研究改变了在精神世界中的力量之间的平衡，并且导致在这个世界的积极变化。那些力量之间的交互作用不会结束这场战争。这场战争是不可避免的，并且将持续到改正的最后阶段，但是它不必一定是一场造成数以百万计伤亡的战争。一场战争是两种力量之间的碰撞，它一定会持续直到改正的结束，而且我们已处于那个改正的最后阶段。

问：如果战争是一种在精神世界以及在我们这个物质世界的永久和不可避免的状态，我们如何影响这种状态呢？

莱特曼博士：如果我们研究卡巴拉智慧，我们可以有效地改变善与恶之间力量的平衡，并且改变那些世界的操控力量，使得这场战争在不知不觉中就可经历并结束。

卡巴拉智慧通过对整个创造的结构的分析解释了犹太人与阿拉伯人之间的冲突。灵魂的外在部分被称为异邦人，并且和这个世界的异邦人（其他民族）相对应，灵魂的内在部分被称为以色列，并且和这个世界上的以色列（犹太人、希伯来人）相对应，希伯来来源于Ivry，意思是跨过，指的是那些已越过这个世界的边界并进入那个精神世界的人。

在人的灵魂中，那些在外部的、利己主义的物质的肉体部分称为异邦人(Gentile)，和内在的这个被称为以色列人的部分之间总是存在着斗争。那些一直在和犹太人作战的阿拉伯人其实在我们自己的内部。他们是我自己的属性，我自己的天性，它是我在内心中必须要战胜的，并且同时，在肉体层面也要战胜的。只有当我们在内在打败那些外邦人时，也就是只有当我们彻底地改正我们自己的利己主义本性时，我们才能在完全的意义上成为以色列（犹太）人。

但这还不是我们当前所处的状态，而是一种我们未来的状态。如果我们今天已经改正了，我们将不会再和巴勒斯坦人打仗。夏隆姆（shalom，希伯来语中的和平一词）来自希伯来语单词Shlemut（整体性、完整性）。也就是说，只有当良善完全统治邪恶并且邪恶服从良善时，真正的和平才可能实现，它指的是全人类团结统一为一体的状态。

在我们目前这种败坏的状态中，我们无法想象出为了变得和创造者相一致、变得和他的品质相同，也就是使得我们目前拥有的这种利己主义的邪恶力量服务于那个爱和给予的良善力量这样一种方式的可能性。但这一切都取决于我们使用它的方式，也就是使用它的目的。使人更惊奇的是，那些遭受个人悲剧的人竟然不希望听到那个最高力量或创造者，虽然痛苦正是从创造者那里来的。但是，真正的事实却正是麻烦和痛苦引导我们进入精神世界。想逃脱这种奇怪的矛盾是不可能的。

问题：在2001年的6月1日的事件后，我遇到一些陌生人。他们是在那场恐怖袭击时被打死的两个姐妹那一栋房子里住着的一群年轻人。当时，我们正在做电视实况采访。我意外地问了在当时似乎是不恰当的一个问题："你相信上帝吗？"我在等待着一个挑战性的令人尴尬的答复，但坐在那里的八个年轻人立即作出了积极的反应。其中一个耳边扎着耳环的年轻人回答说："你如果亲身经历了那件事，你能继续不相信上帝的存在吗？"

莱特曼博士：当一个成熟的大人想得出某些结论时，他会使用前几代人的经验。然而，一个简单的人，则会闭上他的眼睛、除了感知到个人瞬间的痛苦之外，不会听到任何其他的悲剧。因此，不是痛苦的数量，而是一个人内在的成熟度使他得出那个观察的结论。

这样的人可以在任何年龄开始探究生命的意义以及痛苦的原因这些问题。他可能在十岁就会感觉到这些问题，虽然在他短暂的一生中他还没有经历过任何痛苦，并且在一个普通的家庭中长大。这种事是在这个世界中它先前的灵魂再生的结果。

我们在那个改正的道路上前进得很慢，因为我们没有将那些即将降临到我们的打击考虑进来，我们只是站在那里被动地承受打击。只要遭受的痛苦程度没有达到某一临界值，我们还会继续容忍它。但是当打击将带来无法忍受的痛苦，它们则将迫使我们想摆脱它们。只有那时，我们的自我才会激活它的头脑并变得更聪明一点。有一种错觉，认为痛苦的路径本身是通向精神世界的正常路径。但这是不对的。痛苦在积累到需要了解它的原因出现的程度之前需要一定的时间。战争是不可避免的并且将继续直到那个改正的结束。如果我们研究卡巴拉智慧，我们将会降低其强度、减少痛苦并且也许甚至一起将它移入到精神的状态中结束战争和痛苦。

目前，绝大多数人还不会理解除了外部战争之外还有一场每个人都要经历的内部的战争的存在。正因为如此，痛苦只会继续增加。这一过程已进行了几千年，因为对痛苦的原因和痛苦的目的的认知应该达到我们利己主义的本性的最深层部分。在此期间，我们还会继续将我们一直处于快乐和痛苦两种状态的身体视为我们主要的资产，因为我们还感知不到我们的灵魂的存在。我们认为我们就是那个身体，身体就是我们，我们也就意味着是我们的头脑（思想），并且那就是我们用以认同我们自己的。

问：但是我们不就是由身体和头脑组成的人吗？！一切都向我们隐藏着。除此我们还能如何行为呢？

莱特曼博士：这在今天已经成为可能。我们要想了解我们现在的肉体生命相对于精神世界的永恒和崇高而言只不过是一个稍纵即逝的片刻，已经具有足够坚实的基础。但我们和我们的身体是如此地紧密联系着，以至于我们目前还无法感知我们的灵魂的存在，而只能想到身体的需要。

卡巴拉智慧的方法是为了将人类提升到超越这个物质世界之上而通过我们的，并且在人类进行他的灵魂的改正工作过程中，在满足灵魂并且和创造者的连接的实践中提供帮助。根据创造者的这项计划，各种各样的情况将迫使我们需要了解在身体之外还存在着某种东西：也就是灵魂，而且这才是那个最重要的部分，也是真正的存在。

在我们每一个人中，都有一些我们还不知道、还没有感觉到的东西，他就是我们灵魂的种子，至今还都处于"睡眠"状态。它是某种巨大但却空虚的东西。这种空虚和永恒是人们现在应该去探求发现的东西。他应该通过卡巴拉智慧来满足它们。对灵魂的探寻已进行了数千年，而且今天我们已经开始那个启示的最后一幕。

4

关于爱和婚姻的对话

——科学家兼卡巴拉学家莱特曼博士与卡巴拉智慧学院的老师迈克尔·萨尼莱维奇(Michael Sanilevich)、雅夫甘尼·利特瓦利特瓦(Yevgeniy Litvar)之间的谈话

2007年7月12日

对话内容目录：

爱是什么？

爱的条件

关于嫉妒

爱就意味着给予

人类如何能学会去爱？

爱的条件

谁发明的婚姻？

组建家庭的目的是什么？

谁在家庭中占主导地位？

关于《圣经》的戒律

利特瓦先生：亲爱的朋友们，大家好！今天我们邀请到了全球最知名的卡巴拉学家兼科学家**莱特曼博士**。今天，我们开始一个新的话题："爱、家庭、母亲和孩子"。现在我把话筒交给我的朋友——国际卡巴拉智慧学院的老师萨尼莱维奇。

爱是什么？

萨尼莱维奇：今天，我们的第一个问题是："爱是什么？"

莱特曼博士：爱是这个宇宙的主要品质。我得说爱是唯一能够移动、控制和连接宇宙间所有组成部分的正面的积极的品质。它将所有创造物的基本元素团结统一在一起，包括无生命物质、植物、动物，最后是人类的内心世界。我们把这种联合成为一体给予其以生命的品质叫做"爱"或者称为完全的相互给予行为。自然界中的所有物种都服从于宇宙间的这一爱的普遍法则。唯一例外的是我们人类，我们人类层面被赋予了按照我们自己的意志自行处理问题的能力，想做什么就做什么，而且无视这个爱的普遍法则。

假如我们向生物学家问及这个问题，他们将会告诉我们：任何有机体的功能法则、它存在和发展的法则是建立在它的各个组成部分为维护其赖以生存的整体的整体性的相互作用的基础上的。按照这个法则，每个细胞都关爱着整个身体的重要功能和健康，保持着它的生命力。换句话说，细胞自动向整个身体提供它所需要的任何东西，它甚至会服从命令而自我毁灭，因为它的职责已经完成，能量已经耗尽。它的程序关闭，使命结束，细胞自己毁灭自己。一个系统、一个有机体，或者一个器官生存的普遍法则控制着它的所有组成元素。

如果我们拿这个普遍的、基本的、自然的一体性法则，也就是统一的法则、自我平衡的法则来说，那么我们将会发现自然的运作只是建立在为了实现某一特定目标而作出的自我保护、自我生存和自我发展的基础之上的，并且它不关注个体的部分的存在和发展的可能性。这种基本元素之间的为了整体一体性的相互作用以及相互联系的基本法则决定了自然界所有层面的物种的存在。

然而，当我们意识到这一点之后，再回过头来看看人类，我们会发现人类与这个法则是完全对立的。我不是指人类在它作为动物的生命体的层面上的存在，我们的身体在这个层面上是自然地屈从于自然法则的，我的意思是说在人类的相互交流的层面、感知的层面、思想的层面，也就是那个"我"存在的地方——就是那个我们是彻头彻尾的利己主义者的地方。我们不想把这个世界作为整体考虑，也不想将各个部分的相互作用考虑进来。今天，我们揭示出这个世界是一个小小的地球村，我们人类在这个地球村里完全相互依赖。作为自然的一部分，我们的欲望、我们的思想以及行为，正在给这个自然整体在其所有的层面上带来巨大的损害。最终，这个损害作为自然的一种负面影响反馈到我们自己身上——这正是我们今天已经开始感受到的情况。

绝对的爱（普遍的相互依赖，本能的、自然的、潜意识的关心、关怀）的法则还没有在人类层面上被人类意识到。如果我们依照这个法则对待一切人和事，也就是说，如果我们认识到我们都是平等的、相互联系的，如同只有一颗心、一个灵魂并有着相同的想法的一个人，那么，我们参与自然界的方式将是正确的和完整的。然后，我们将会与自然中的其他部分相互融合，而那时，我们对待自然的态度就叫做爱。

了解了这个法则会使我们明白：今天人们之间存在的爱与恨是绝对的利己主义的行为，是每个人（在性别、家庭以及在一个社会中）利用他人来获得自己转瞬即逝的满足的欲望。之所以说是"转瞬即逝的"是因为人们最终并没有从中获得任何利益。所有这一切都是基于一种人类自己都没有意识到的简单的利己主义的算计。在没有认识到人类的行为是有害的情况下，人类只会不断加剧这场危机。

今天，人类正处在其利己主义发展的最终阶段，我们看到人们之间的相互关系在全面瓦解。过去我们靠某种纽带、协议和习俗保持着联系，而如今，在我们这个时代，利己主义的贪婪和不顾廉耻在我们面前暴露无疑。而在卡巴拉智慧看来，这是好的现象，因为我们只有在看清了我们人类的真正面目之时，我们才能更清楚地认识到产生危机的根源

问题是什么，继而找出解决问题的根本办法，而不是人类至今为止，在结果层面原地打转、迷失方向，问题始终得不到真正的解决。卡巴拉智慧就是向我们人类揭示那个实现爱的方法。

爱的条件

萨尼莱维奇：你说到完全的相互作用——爱——存在于动物层面上。但是，当一只狼吃掉一只兔子的时候，这也是爱的表现吗？

莱特曼博士：不是。这是自然的法则——生命持续更新的法则的一种体现，当生命的下一代在上一代、过去的一代的死亡的基础上出生的时候。这个过程类似于我们人体内细胞的新陈代谢。

同样，生命循环周期中也会出现这样的事情：除非我们在先前的生命消失了，否则我们将不会在下一个生命中出生，也将不能引领我们向目前我们还未知的领域发展。对我们来说，这种发展似乎没有任何好处，但是，它却引导我们走向光明的未来。

因此，一只狼吃掉一只兔子或是一头小牛只是在履行着自然的法则，它们之间没有恨，也没有爱。自然法则就是这样实现并维持物种之间正确的相互作用的，这里完全没有那个"自我"的参与。自然界中的植物和动物层面的存在没有"自我"。植物和动物机体以及其身体的细胞的存在是建立在它们相互间的正确的相互联系上的这一点非常地显而易见。

然而，人类应该把他们的欲望、他们对自然法则的知识和他们的意图纳入到正确的相互联系当中来。如果我们人类能够理解到这一点，改正我们自己，愿意主动参与到这个整体性的发展和相互作用当中来，那么我们就能开始理解自然，就能揭示出自然中那些我们今天还无法感知到的部分和真空地带——新的维度、新的世界。在那儿，我们将会以一种完全不同的方式存在，在生之前、在死之后，都存在于作为自然的一部分的永恒的状态中。

卡巴拉智慧被称为神秘的科学，因为它揭示了这个宇宙隐藏着的这些未知领域，这些我们虽然身处其中，但因为与其相对立而至今仍未能感知到的领域。我们的利己主义不允许我们感知到这些在不同维度里伴着我们，但却真实存在的现实。所有这一切都只依赖于人类把那种普遍的恨（利己主义）向爱（利他主义）的转变 这正是我们的问题所在。只有这样，地球上的生命之间的关系、我们在家庭之间的关系、人与人之间的关系才会变得简单而和谐。

在卡巴拉智慧中说到："除了丈夫与妻子，还有上帝存在于他们之间" 也就是那个最高的光，那个神圣的光照耀在他们中间。世界上再没有像丈夫与妻子这样两个象征着完全对立不可能存在任何联系的个体了，除非那个控制着整个宇宙的创造者和爱在他们之间被揭示出来。但是，这时最终我们应该看到这个法则在一个更高的层面上是如何运作的，以及控制信号是如何从这个更高的层面上降临到我们的，以及我们应该如何以此为基础建立我们之间的关系，这是我们必须学会的东西。

爱是一种非常复杂的品质，是我们应该被教会的品质。卡巴拉智慧专门针对这个问题。最重要的原则就是"爱邻如己"，因为通过获得这个品质，我们才能实现全世界全人类的团结、完整、统一。

利特瓦先生：你从科学的观点给我们描绘了一幅真正的爱的图画。但是，那些感到内心痛苦、想法简单的人们会面临这样的问题：他们把感知到的这个痛苦当做了爱。怎么向他们解释这种痛苦的感觉不是爱呢？

莱特曼博士：爱是需要学习的。我们人类在其目前的存在状态下，我们用一种完全与自然界真实存在的东西相对立的品质来代替了爱和爱的缺失，卡巴拉智慧对这些都有解释。

我们现在是在把那个能给我们自己带来快乐的感觉的东西叫做"爱"。例如，我爱咖啡，因此我才喝它。当我喝咖啡的时候我会感到高兴，这就意味着我爱它。换句话说，我爱存在在于咖啡中的这个快乐，但这不是我们正在探讨的爱。你将爱这个词用在了对待一个事物的一种完全不同的感觉和态度上了。

那么，"我爱这个女人"这句话是什么意思呢？我喜欢我自己使用她时给我带来的快乐的感觉，可能是性爱带来的生理上的快乐，也可以是我"爱"的女人的漂亮脸蛋带给我们男人之间的攀比和虚荣心的满足等等。我有某种需求——空虚、欲望、虚荣、性饥渴等等，而她正好能弥补这些，使我感到愉悦。这就是我为什么会爱她的原因。那么，我是真爱她呢？还是我爱从她那儿能够得到的满足我自己的那种愉快的感觉呢？

所以，我其实是爱我自己，我爱她，是把她作为一个给我带来快乐的源泉，就像我爱鱼或肉一样。事实证明在这里根本不存在真爱，我们不应该把这叫做"爱"。

真正的爱不是从某人那儿得到愉悦，而是给予。"爱你的邻居"这句话意味着满足另外一个人的渴望，是你对他的态度的一种外在的表现，这才叫做"爱"。

当你想要满足另外一个人的需要的时候，你开始能感到你爱的人需要什么，在满足他或她的需要的过程中，你向他或她表露出的态度，这才叫做"爱"。如果你只是想接受别人带给你的快乐，那么这叫做"对快乐的利己主义的接受"，这不叫做爱。

当然在接受时也有一种表达爱的方式。当你真正感受到另外一个人的爱，并且了解到如果你接受了他的爱，实际上才能使他感到快乐时，那么你可以用这种为了给予对方快乐的方式来接受他给你的爱的方式来回馈和表达你的爱。

这就像一个小孩子一样，他知道他妈妈想让他吃些粥，于是他就吃了。那么，他这么做就给他的妈妈带来了快乐；如果他不享用这顿饭的话，那么他就不能给他的妈妈带来快乐。他应该享受他妈妈给予的爱，而他妈妈也会因为他接受了这种爱而感到高兴。

这是一种非常复杂的相互作用关系。我们甚至可以从一些简单的例子中了解到这一点，更不用说像在丈夫与妻子、男人和女人这种严肃的关系系统了。这种在人类社会中的两性之间，或在团体以及党派之间的相互作用本身就是一门科学。这应该从孩提时期就教育大家。如果不这么做，那么人就不可能真的成长，也就不能理解如何生存、如何恰当组织社会这个最重要的事情了。

关于这个话题，已形成了很多的理论。这些理论相互否认，遵循任何一个理论都会导致我们失败。

利特瓦先生：有的女人说她与一个她根本都不爱的男人结婚不是因为爱他而仅仅是因为这个男人爱她。那么，她与这个男人结婚是想使他高兴吗？这种爱是你一直在说的那种爱吗？

莱特曼博士：不是。"他爱她"是什么意思？

在一个人把他对另一个人的恨转变成爱之前，这个人是不会了解并进入另一个人的内心世界、感受别人的感受和愿望的真正含义的，他不能理解当他为了满足另外一个人的愿望而把别人的愿望当做自己的愿望去实现是什么意思。只有当他把自己当做满足他所爱的人的工具的时候，这才叫做"爱"。

你提到的那些人有没有这样的关系呢？我不知道。但是，无论如何，当我们从这个接受的层面上升到那个给予的层面的时候，我们（在家庭中、在孩子与父母之间、在社会当中的人与人之间）的关系将会彻底改变。"爱"这个词有个非常通俗的名称，我们还称这个品质为"给予"。拥有这个品质的人将会开始感到和谐，与自然的完全融合，并且达成永恒和完美的感觉。

当一个人超脱了他或她的利己主义的小世界的束缚的时候，这种品质就能在他或她的内心中形成。而当他或她希望把自己局限于这个小世界的时候，我们看到的结果将会是：幻想的破灭、吸毒、离异等等的发生。我们不可能依靠我们自己实现这些伟大而崇高的状态，我们只有像自然给我们展示的那样通过获得自然的爱所给予的品质并因而与自然统一时，我们才能达到这种状态。

萨尼莱维奇：一个人能检验他是爱还是不爱吗？

莱特曼博士：在我们这个世界里，我们仅仅开始发现我们是绝对的利己主义者，我们不是在爱，而只会尝试着在大家间相互赞同，因为直到我们的利己主义由内向外爆发打破这些关系的束缚，打破这些脆弱的协议之前，我们都没有别的办法。我们忘记争吵而后才能和解。连接我们的共同的纽带是孩子，我们以伴侣的身份存在，共享着同一间公寓，但这不是爱。

在卡巴拉智慧看来，爱有着一个非常广泛的科学的定义。简要和大致地说，当一个人能感受到他人的内心世界，感受到他人的渴望和需求，且能满足对方的这些需求的时候，这就是爱的时候。当一个人在使他人满意时他自己在那一刻的感觉就叫做"爱"。在那同一个时间，他自身也感到非常开心。

我们回到夫妻关系这个方程中来："除了丈夫与妻子，还有创造者在他们中间。"创造者就是自然的那个普遍的给予的力量，是爱的普遍力量。如果丈夫和妻子开始培育这种绝对的给予的关系，那么这个真爱就诞生了，在他们中间的这种三重联系就形成了。没有这种给予的品质的存在，这种人类最基本的单元的存在都不可能长期维持下去，这就是为什么离婚和家庭破裂在全世界泛滥的根本原因。

因此，一个人只有通过努力超越自己的利己主义本性上升到这种相互给予的层面（创造者的层面）上来时，他和她才能成为真正的夫妻。这是人类必须要经历的一种非常困难的改正过程。卡巴拉智慧就是教我们如何去实现这个。

它是非常困难的，但是在一个社会中存在的精神的空虚感，在父母与孩子之间破裂的家庭关系将会引导人们到达这样一种状态，到那时人们将会开始不遗余力地去获得这个品质。人们将会下意识地、本能地开始理解这个观念的存在，目标虽然遥远，但是必须实现。在他们降落的最深处，他们将开始感觉到一种上升的可能性，而且他们一定会这么做。因此，我对此非常乐观，爱终究会到来的。

利特瓦先生：一位来自索契的女孩提出这样一个问题：现在已没有一个男人会为了他心爱的人而愿意从桥上跳下去。那么，为什么人们还是会被浪漫的爱情所吸引呢？

莱特曼博士：这曾经是可能的，因为男人们认为他们应该得到那些不是很明智的女性的利己主义者的好感，而且他们并不清楚这会带来什么样的后果。这就是由某个人的"自我"的微不足道的感觉造成的，由某个人内心世界的不成熟的发展造成的。为什么他应该在别人眼里看起来伟大呢？他不应该这样。

一个男人应该在意他是否与某种特殊的标准 永恒和完美 相一致，而不是在别人眼里看起来是如何如何的好，也不是如何顺从某人的暂时的利己主义的欲望。一个人为这个浪费自己，浪费自己的生命是可耻的。因此，一个男人为让某个金发碧眼的女郎看他一眼而从桥上跳下去，这完全是毫无意义的。这只是一种交换：从桥上跳下去是为了获得某种愉悦，这跟爱有什么关系呢？不要拿这种残酷的极端的利己主义关系与人们当中存在的那种爱和给予相混淆，爱是能够感知到别人的内心世界并希望满足对方的愿望时带来的感觉。

关于嫉妒

利特瓦先生：有人提出这样一些问题：在卡巴拉智慧看来，什么是嫉妒呢？这种情绪有没有精神方面的解释呢？

莱特曼博士：在我们这个（只有单纯的动物间的关系而没有爱）世界里，嫉妒是当一个人感知到其他人的财产时产生的那种情感："这些财产要是属于我该有多好啊！"不过，如果这个财产长着腿且能自我控制它自己的话，那么事情会变得更糟。过去，人们可以利用贞洁带来束缚一个女孩子，而在我们现在这个女性解放的时代，这是不可能的事。因此，嫉妒已经是仅仅剩下来的东西。女人们伤了男人们的心，但男人们却感觉不到受伤：如果这个女人不合我意，我还可以找其他女人，并且这样生活变得更简单。因为家庭是基于这种基本关系而建立的，所以家庭关系就是这样被毁掉的。就是因为人类还没有上升到高于目前所处的动物的层面上。

利特瓦先生：那么你怎么看待这种只存在于我们人类层面的这种感觉和感情？如何看待痛苦和快乐的感觉？以及这些被我们称之为爱的感觉呢？

莱特曼博士：生物学家、遗传学家和植物学家能对此给出合理的解释。

利特瓦先生：关于雌性和雄性？

莱特曼博士：是的。植物、昆虫和人都受这种荷尔蒙的影响和控制，这些都是内在的生理过程，我们不应该把它们当作爱。

问题在于，人类还没充分地进化发展到意识到他的内心世界是一个感受快乐的世界的阶段，他欣赏一幅美丽的图画、聆听一首动听的曲子、赞叹一位优雅的女子、喜爱一个可爱的孩子、享受一碗香浓的汤一样都是同样的。如果他因自己被生下来并被养大成人而感到快乐的话，那么这些快乐被称为利己主义的享乐。

爱的基础是给予，是超越自我，而现在在我们内部发生的这些过程是纯粹动物性的。因为某些原因，我们把这些感情叫做不真实的感情，而且会需要他人给予同样的回报。这是哪一种爱呢？你就像被注射了激素一样，你会以完全不同的方式对待你喜爱的对象，这纯粹是一种化学反应。

利特瓦先生：有衡量爱的单位吗？

莱特曼博士：爱的测量工具就是一种测量自我牺牲精神和为了满足所爱的人（或物）而给予的工具。爱是基于共同反对利己主义而作出的让步，当两个人意识到他们的动物本能而开始相互帮助达到共同升华至自我之上时，爱就出现了。这样一对精神的伴侣培育了一种超越我们的动物的欲望、吸引或排斥，习惯，以及对待这个世界的态度，并且在这个基础之上创造出一种合一的关系。这种联合合一的关系是建立在为了创造共同点而作出的互相让步之上的，这样我们才能实际上被团结融合起来。

我们做出的共同的让步创造出的融合体被称为作为单一的整体的男性和女性的部分而进行的相互联合。我们需要这种联合——通过身体的融合来达到灵魂的融合。这种融合是有可能实现的：但是要有一对心灵相通的精神夫妻，他们能理解如何运作才能创造出这种联合。这种联合是基于相互的让步，基于每一个人能活在对方的世界里并满足对方需要时而得到的一种互惠的、利他的吸引。

今天开始出现的这场危机将迫使我们在男人和女人之间，以及最终在我们整个人类之间实现这种关系。我们正在向这个方向迈进。这不是一个童话，危机带来的痛苦使得我们必须这么做。

爱就意味着将你自己给予他人

萨尼莱维奇：《圣经》的主要法则是"爱邻如己""就像爱你自己一样爱你的邻居"是什么意思呢？要想爱别人的话，我必须得先爱我自己吗？

莱特曼博士：你应该会发现你有多爱你自己。你爱自己有多少，就拿同样的态度来爱你的邻居，这叫做"让步"。因为通过忽视你自己，你将会开始取悦、满足、填充他人的需要。你内心产生的这种要满足他人的渴望就叫做爱别人。社会中的这种类型的关系，这种相互满足对方的渴望将会引领人们进入永恒的、幸福的生命层面，创造出一种人间天堂。

萨尼莱维奇：但是人必须得爱他自己吗？

莱特曼博士：人必须得爱他自己，为了能完全与大家相融合，为了能满足所有的人；而后他才能与创造者——也就是自然的最高主宰者变得一样。

利特瓦先生：这岂不是"就像爱你自己一样"演变成"爱你自己"了吗？

莱特曼博士：不会。因为在现实生活中，我们不是存活在我们自己当中，而是存活在他人当中。

利特瓦先生：那么，这样一来，我越是爱别人，我得到的快乐也就会越多吗？

莱特曼博士：没错。当超越自我的时候，我开始揭示我的真正的"自我"，不是那个狭小的、丑陋的、利己主义的人，而是我的真正的超越了我自己而存在的"自我"。我把我自己看作是整个自然，整个宇宙的一个投影。如果我以这样的态度对待所有的事物，那么这就是"自我"。

利特瓦先生：也就是说，我将会开始感觉到所有超越我而存在的哪些感知，感知到在其他人、在动物、植物以及在自然中的存在？

莱特曼博士：这就是"自我"。才是真正属于我的。换句话说，当一个人开始建立一种超越它自己的态度来对待整个世界时，他意识到之所以他会被造成一个利己主义者，就是为了超越他自己，为了将他自己给予他人并从中找到他自己。

通过这种正确地、真诚地认识真正的自我，人将会感到他就像自然界的所有存在一样，他的存在也是永恒的、完美的。这是自然的一个普遍的、全面的法则，无论如何，我们都会达到这种境界，即使在我们的这个有生之年我们实现不了，那么在下一世也会实现。

利特瓦先生：这是爱吗？

莱特曼博士：这就是应该被自然界中最高的也是目前最腐败的元素——人类所实现的绝对的爱的感觉。

这就是人类的自由意志之所在——尽可能快地认知到这种需要，并看到它的实现，不是在不断发展的危机的压力之下，而是出于人类的自觉自愿。现在我们的主要任务就是传播解释关于今天降临和展现在我们面前的危机和灾难的原因的知识。

萨尼莱维奇：难道世界上除了掌握卡巴拉智慧的人之外，没有其他人品尝过这个真爱吗？全人类都认知到这个爱的那一天会到来吗？

莱特曼博士：这一天会到来的，从现在算起未来几十年内人类应该会认知到这个真爱。我希望我能看到这个历程的最后阶段，能在我的有生之年看到这个目标的实现。

卡巴拉学家是指一个能正确解读这一真正正确的接受的法则（"卡巴拉智慧"一词是从"接受"这个词演变过来的），解读那些连接、沟通，以及自然界中所有组成部分间发生的一切事情的人。他从向我们隐蔽的那个世界中获得知识，从那个利他主义和给予的世界（而不是我们感知的这个利己主义接受的世界）里获得知识，并按照这个知识行事。

自然，已经接受这个知识并能把它运用到实践当中的人，将会达成这种爱，感受这种爱带来的真正感觉，实现永恒和完美。他们将进入到宇宙的另一个维度。在那儿，爱是被感觉为永恒和无限地存在着的。

现代科学也正在寻找另外一种不同的维度，在那儿，宇宙的功能不是我们的利己主义的感官所感知的那样。这种启示就在我们身边，卡巴拉智慧能帮助我们快速地实现它。

人类如何能学会去爱？

萨尼莱维奇：但是，人类如何学会去爱呢？像在学校一样，从课本中学吗？

莱特曼博士：学习爱并不意味着学习《印教爱经》（Kama Sutrua）（印度一部古老的关于爱的圣经）。

学习爱指的是学会修正你与你爱的人相互之间的"腐败"的关系，而这种爱不一定是指异性之间的爱。一个人应该学会了解他人的内心世界，满足他人的内心愿望，就像细胞在我们生命体内发挥的作用一样。每个细胞都关心、呵护整个有机体的存在状态，依照所有细胞的共同程序来行动。它消耗东西不是为了自己，而是为了配合其他细胞和器官，从而确保整个机体的生命延续和保持机体的所有部分之间的正常关系。

疾病的形成破坏了细胞和器官之间的相互联系。想象一下，我们的社会是怎么生病的？当给予被替代，细胞开始吞噬周围的其他细胞，并以其他细胞的生命为代价而存活的时候，有机体就会受到致命的癌细胞扩散的影响，结果导致整个环境的崩溃和细胞的死亡，这就是癌症。

为什么在我们这个时代这种疾病传播地如此广泛？我们已经变得如此的利己主义以至于这已经显现在自然界的其他层面上：植物和动物层面。人类没办法逃避这场危机。我们的问题的根源，甚至疾病的根源就存在于我们人类自身内部，存在于我们这个人类的层面。人类决定了整个自然界的不平衡或者平衡。

今天，我们有责任认识到这个自然的首要法则——爱的法则，并且全方位地认知它。这只取决于人类自身，取决于我们在内在的"自我"存在的那个层面（在这个层面上，我才被称为"人类"）上做出的努力。

萨尼莱维奇：人类应该如何学会去爱呢？

莱特曼博士：接受全新的教育，学习爱的方法。如果不这样做的话，你将会只在与生俱来的动物的特性的基础上行事，并按照社会强加在你身上的价值观去行动，因为除此你没有其他任何东西存在。首先，你必须接受正确的指导，否则，你将会继续制造错误。卡巴拉智慧就是这样的一种正确的指导方法。

为了实践它，卡巴拉学家们组成了团队。的确，很多方法都是以团队实践为基础的。没有其他的办法。在此,如同做其他的事情一样,你需要一位老师,需要一个团队,需要一种指导,在其中你设法和你志趣相投的人一起去实现它。

我让你失望了吗?

利特瓦先生:正相反,你的话令我深思。

谁发明的婚姻?

利特瓦先生:关于家庭的问题:人们发明了婚姻和家庭?还是上帝创建了婚姻制度?

莱特曼博士:在婚姻方面,人类世界和动物世界一样有着相似性,了解了这一点,我们就能看得出婚姻制度不是人为地被创建的,而是基于我们的本能——最底层的、动物的、荷尔蒙层面。我们看到和动物世界里的相似的婚姻存在,男女之间的结合都是为了繁殖孕育下一代。

卡巴拉智慧揭示了这些现象的原因——为什么对立面会相互吸引(加与减、负极与正极)的原则为基础的相互作用的基本元素正是按这种方式被创造出来的原因?为什么分子会与原子相融合?为什么相互分离的对立面为了创造和孕育新生事物而不得不相融合?

在原始层面上,存在着不是相互分离的组织形式,雄性和雌性共生在一个躯体内,相互融合、一起参与着生命的延续。但是在动物层面上,雄性和雌性一体在孕育新生命的时候遇到了问题。高等动物和人类层面是以相互作用为基础而孕育新的生命的。

为什么自然会如此安排呢?因为自然在设法提升人类达到这样一种发展的程度,以至于到某个时刻人类会有意识地主动参与到这个过程中来,人类逐渐上升到自然的最高层面,而这正是这个宇宙,包括我们这个世界存在的目的。

一个人长大成人,需要花费生命三分之一的时间。因此,婚姻——男人与女人之间的联合创造的关系——应该是长久的、完美的,以便向孩子传递父母积累的所有基本信息。

一个人应该被抚养长大，欲望得到满足。人生来完全是空白的、无足轻重的，不像动物生下来头几天就能使自己适应周围的环境。人类的孩子却应该不断地得到呵护、教育、照顾和爱护，并向他们灌输大量的信息，这样他们才能适应这个世界的存在方式。这就是婚姻制度存在的原因，是我们在自然界里融合的一种需要。自然召唤我们爱孩子，否则我们将不能成为夫妻，不能给孩子存活的机会。

利特瓦先生：因此，这种制度的创立不是为了妈妈和爸爸(丈夫和妻子)，而是为了孕育下一代，也就是说为了孩子？

组建家庭的目的是什么？

莱特曼博士：为了给予。为了传递、传播和走出一个人的自我。

利特瓦先生：这就是说我们对于家庭的不满、对爱和快乐的匮乏是由以下事实造成的：这一事实是出现了与给予相矛盾的事情，而且我们未能理解婚姻被创造出来是为了孩子，而实际情况是每一个人都在从中寻找属于他自己的快乐？

莱特曼博士：没错。在一些动物物种中，父母生育孩子之后要么死亡，要么为了生育和抚养后代而变得彻底憔悴。

我们应该了解到这一点，因为这正是我们所缺乏的东西。我们设法利用高科技填补我们在这个层面上的空白。很多人工作是为了帮助妇女自然地分娩、哺育孩子和进行幼儿教育。看看小孩子身边围着多少设备、仪器。但是，这么做并不能补救我们犯下的根本性错误——我们对婚姻的态度。

在我们这个时代，发达国家的人们不想生养孩子。他们寻求利己主义的满足和自由的感觉。一间房子不再能满足人们的需求，他们想要拥有多个房间的公寓、别墅，他们想完全与别人分开，把自己与一切事物分离开来。我才不想把我的生活与别人的生活搅在一起，生活在同一间公寓，生育孩子，抚养孩子，日日夜夜想着他们……为什么要这样呢？家庭能给我带来什么快乐？这种态度就是人类严重的利己主义发展造成的结果。

只有通过揭示更高世界，也就是人类的下一个存在层面，以及创造的目标，人类才会看到未来 如果他这么做的话，等着他的会是什么。看见未来将会使人类变得清醒。通过现在就清晰地感知到未来，人们将会看到未来将要对他发生的事，并且出于其利己主义的动机，他们也会想着要改变自己的生活。而只有揭示了这一未知世界的卡巴拉智慧才能使人们看到未来，只有这时，人们才会自觉自愿地去改变并超越他的利己主义。

萨尼莱维奇：这么说，人类是为了学会去关爱别人才需要组建家庭吗？

莱特曼博士：这是人类存在的唯一目的。创造者创造我们是希望我们能生育、抚养后代，进而达到给予自然中的其他元素，获得爱与给予的品质这样一个目的。

自然赋予我们本能的、动物的爱，以便我们可能依靠自己的自由选择放弃我们利己主义的愿望，开始习惯去爱，并逐渐达到爱和给予的精神层面。

利特瓦先生：看起来那个崇高的力量在人类中制造了一种爱的错觉和对他人的吸引只是一种诱饵，以便人类生育和抚养下一代人的吗？

莱特曼博士：人类的目的不是生育一个像他自己那样利己主义的小生命，而后漫无目标地养育着他们，然后再让他们漫无目的地生活并重复着这种生死的循环。人们必须认识到生命最终的目标是为了达到自然的最高层面 也就是获得给予和爱的品质。因此，男人和女人被创造出来彼此需要，并且需要孩子，去理解、感觉并在原始的动物层面上学会这种爱的品质，并最终升华到人类层面上来。这就是为什么我们人类生来就被创造成男女分体，就是为了通过结合而诞生出新的一代的原因。这也是婚姻存在的原因。

萨尼莱维奇：那么，为什么我只爱我的孩子们和我的妻子还不够呢？为什么我应该爱别人，爱其他数十亿的人们呢？

莱特曼博士：人类的机体组织包含着很多对立统一的，相互平衡的系统：心跳、血管扩张、补偿性收缩，等等。一切都看起来矛盾而事实上却是相互平衡的。

类似，人们之间也有很多使人们摆脱利己主义的约束的系统。我们的利己主义是一个多层次的体系，而且它必须证明它自己在很多层面上都是一个给予者，从一个纯本能的、动物的层面直到那些最高的层面。因此，在此应该使用所有那些可能的联系。

卡巴拉学家是志趣相投的人组成学习团队的方式来工作的。在团队中的一个"精神的孩子"的诞生构成了他们之间的相互联系，他们想要上升超越他们自己的共同愿望。当几十个人创造了一种爱的相互间的联系时，他们就创造了一种升华的集体渴望，这就叫做他们的创造。当他们把他们的利己主义当做一个女性部分，而把他们的这种精神渴望当做一个男性部分的时候，他们就可以孕育出精神的下一代了。

但是，这是我们内心世界中的男性部分与女性部分之间相互作用的下一个阶段。这个阶段是卡巴拉学家们建议的一种具体的实践。

谁在家庭中占主导地位？

萨尼莱维奇：谁应该在家庭中占主导地位？

莱特曼博士：被我们称为创造者的应该占主导地位，就是使我们达到彼此团结统一的给予的品质。最重要的事应该是那个理想的相互的给予，一种两个伴侣间相互关系的衍生物，那个第三方力量，它应该决定着家庭中的所有行为和关系。利己主义然后就会消失，我们彼此就会很轻易地作出让步以实现这种品质，我们开始彼此相互爱护，并且无尽地相互享受彼此。我们的感情，相互的关系扩大了，然后我们一起达到那个共同的理想境界。

萨尼莱维奇：这类似于一个人为了他的国家或理想而牺牲自己的生命这样一种情形吗？

莱特曼博士：心理学解释说这只是一种自我表现和维护一个人的"自我"的一种利己主义的愿望。爱一个国家，爱一个党和爱其他任何事情都不过是一种利己主义的自我维护（Self-assertion）。

利特瓦先生：丈夫对他的妻子或妻子对她的丈夫有任何精神上的义务吗？

莱特曼博士：如果我们在探讨真爱的话，那么，精神上的义务一定是存在的，它们决定了其余的一切。

然而，任何义务和誓言都无法提供帮助。人们不能约束他们自己，除非他们有一个共同的、有约束力的、超越这个这个世界的崇高的目标。

这也解释了为什么社会上离婚率会剧增的原因，因为在历史上利己主义的发展是一个持续的、渐进的过程，而在我们这个时代，利己主义却在呈指数级地增长并且冲破了那些曾经对它们有一定约束力的所有界限，比如伦理道德价值观等。

现在的人们不想受到任何约束，他们想在世界间自由地穿梭，通过网络进入虚拟空间。他们不需要维持永恒的关系，他们希望满足自己对金钱的欲望，又不愿忍受压力和约束。这就是当今的利己主义普遍的表现情况。

因此，婚姻已经无法用道德来约束，更不用说强制了。每一个人都知道这么做是多么地没用而又毫无意义。

人类在过去的数百年里已经发生了巨大的变化。现在，他们不能承受任何人的束缚和压力，他们只能在认识到某种迎合其接受的愿望、看起来更好更崇高的目标时才愿意配合工作。今天，在我们存在的物质、动物和本能的层面上不存在婚姻习俗。技术的发展使得人为地生育和抚养孩子成为可能，如同在恐怖电影中出现的那样，将来也有可能会出现付钱给人们让他们相遇而后生产孩子的情况，这就是人类的未来。每一个妇女都会通过某种特定的条件进行交换，才能使她们愿意生育孩子。否则，女人们是不会愿意生育孩子的。

因此，人类将不得不认识到超越我们的动物层面的这个自然的法则——精神的法则。

萨尼莱维奇：一个女同性恋者能成为另外一个女人精神上的丈夫吗？

莱特曼博士：不能。因为依照精神根源来说，女同性恋者也是一个女人。同性恋是在荷尔蒙失常情况下出现的一种非正常现象。

精神的丈夫和妻子是完全不同的观念。一个精神上的伴侣是一种精神、一位老师，一个相对于我来讲较高的层次，这绝对与性取向没有任何关系。

成为精神上的伴侣，身体亲密接触的同时也变成精神的伴侣，对每一位夫妇来说是一种理想的境界，这也是卡巴拉智慧指引实现的一个目标。

萨尼莱维奇：在卡巴拉学家的家庭里可能出生卡巴拉学家婴儿吗？

莱特曼博士：不能。卡巴拉智慧不能像自然品质那样可以遗传，它只能依赖于其精神的根源和品质。灵魂的根源与身体是没有联系的，它存在于另一个世界当中。

我的建议是不要忽视地球环境的变化，停止改变环境、美化环境、修复环境。停止那个破坏的势头，并转向卡巴拉智慧求助，通过卡巴拉，我们就能清楚地看到在我们这一生当中，我们需要做的是什么。不管你做什么，不用这种方法只会加剧错误、导致危机。

关于《圣经》中的戒律

萨尼莱维奇：《圣经》里这么写到："不可奸淫。"这是什么意思呢？

莱特曼博士：《圣经》里说的都是精神过程。

利特瓦先生："不可奸淫。"这里指的是一个人的邻居、兄弟和朋友。那么，允许一个男人娶一个完全陌生的女人为妻吗？

莱特曼博士：卡巴拉智慧不涉及人类身体方面的问题。它指的是控制着我们的力量存在的那个崇高的层面。只有上升到那里，人类才能做某些事情。在未到达那个最高层面之前，我们不能决定我们是否希望做什么。

我不能告诉别人说："不要抱有希望。""我的确希望。我能做什么呢？让我终止欲望。""停止期盼"就意味着要上升到那个最根源处，只有在那个层面你可以改正自己，并且终止欲望。在我们肉身所处的这个物质层面上，我们完全受着自然法则的控制，我们无法认识到"停止期盼，终止欲望"指的是什么。

命令一个人"终止欲望"就如同命令一只猫"终止欲望，不要去抓老鼠"一样，这是不可能办到的事。因为这与自然法则是相矛盾的。一个愿望来自更高世界并在人的内部显现。在下一刻，将会有另外一个渴望出现。在惩罚的威胁之下，我们能压制这种渴望，但我却不能"停止期盼"。停止期盼就意味着改正自我。而改正意味着达到那个给予的层面，认知到那些控制我们的力量。如果我们不了解卡巴拉智慧，就什么也做不了。

《圣经》（《Torah》）只告诉我们：我们应该达成什么和改正什么。

古代的先知们没有要求我们在这个世俗层面上做任何事。他们完全明白在这个世俗层面上什么也做不了。我们这个世界是那个更高世界的创造物，是结果层面，原因层面不在这个世界。

从我们的生命历程来看，靠我们自己，我们什么也做不成。你每天都可以起誓，而后一转眼你就会忘掉了自己的誓言，因为我们的行动是基于我们的本能的利己主义愿望之上的，而这些本能只有从更高的世界才能够改变。

利特瓦先生：人们只是在从字面上理解《圣经》。

莱特曼博士：《圣经》讲述的全部都是人类上升到那个精神根源的层面的路径，即从物质层面上升到控制它们的那些力量的层面。当他意识到和感觉到这些力量的时候，他们经历了一种叫做"改正"的彻底的质变，而这就是《圣经》告诉我们的内容。因此，取名为"契约"，意思就是创造者把这个任务留给处于创造物最高层面的人类来履行完成创造。然而，只有我们遵从卡巴拉学家的建议才能完成这个任务。《圣经》的作者们写这些内容时都是以他们达到了那个最高世界时的亲身感受为基础而写的。因此，他们的著作叫做"神圣的经文"。《圣经》是从更高世界传递给我们的，是对更高世界的启示的过程，而且这也是应该被我们这样认知的。我们必须上升到《圣经》及其作者的层面上来——这就是他们呼唤我们去做的事情。

《圣经》的作者们是否在告诉我们如何使这个世界上的人类生活变得更舒适呢？如何活上几十年而且好运连连呢？没有，他们是在敦促我们上升到那个和谐的爱的精神层面上来。这就是《圣经·旧约全书》对我们的召唤。它的主要法则就是"爱邻如己"，我希望我们全人类最终能够实现这个目标。

5

利己主义的目的

——俄罗斯著名记者兼主持人弗拉迪米尔　摩尔查诺夫
对卡巴拉学家莱特曼博士的采访

2007年4月5日

弗拉迪米尔·摩尔查诺夫：作为一个俄国记者，今天我在以色列受到了莱特曼博士的热情接待，莱特曼博士不仅是一位生物控制论科学家、本体论和认知论教授，同时也是一位非常著名的卡巴拉学家。

我不敢说我真的很喜欢我所从事的记者职业。但不管怎样，这份职业给了我环游世界、结识有趣的人以及和他们探讨交流的机会，而这些人在日常生活中我可能永远也不会遇到。

我是在一个叫"老鲁查"的著名音乐小镇长大的，那个小镇离莫斯科有一百公里，镇上居民包括俄罗斯人、犹太人、亚美尼亚人、格鲁吉亚人和土耳其人等等。孩子们会在一起玩耍，但我们从来不会谈论各自的民族。然而，我已经记不清究竟是什么时候什么原因让我第一次意识到我是一个俄罗斯人，我想或许是某些事情让我产生了这种感觉。那么请问，您是从什么时候开始，是什么原因让您意识到自己是一个犹太人的？

莱特曼博士：我想很可能是在我大学即将毕业、开始考虑未来的时候。那时，我对医学控制论很感兴趣，这是一门研究生命有机体运作及其内部程序的科学，即研究生物体是怎样组织、如何运作的科学。

然而在俄国，这门学科是一个封闭的学科。在那儿，想要找到一个同我一样研究这门科学的人非常困难。我曾经在血液研究所工作过，和那里的人员有过一些接触，我也和一些在圣彼德堡工作的科学家们交谈过，这些使我开始了解到，我真正感兴趣的东西，在这门学科里并没有涉及。即使是一些传统的、基础的科研机构也不会对诸如生命的意义这一类概念提供深刻的探讨和精细的研究。

在这里所研究的只是生物体的运作系统而已，他们并不了解为什么生物体是这样组成的，为什么会生成并运用这样的生物体内部程序，整个机体的目的是什么，这些才是我最感兴趣的。我知道我必须另寻机会，所以，我移民来到了以色列。

即使是现在，我也没有特别强烈地感觉到自己是犹太人，或只是犹太人。我研究卡巴拉，这门科学研究更高世界和操纵我们所处的这个世界的力量，研究全人类发展的历史及其存在的意义，因此，尽管以色列是我的生活和工作之所，也是我的课程直播发出之地，但这门科学本身不允许我局限在狭隘的国家利益这个小圈子里。

弗拉迪米尔·摩尔查诺夫：您是在这儿，以色列，开始研究卡巴拉的吗？还是在圣彼得堡的时候就已经开始研究了？

莱特曼博士：不，不是在圣彼得堡，在那儿的时候我根本就不知道卡巴拉是什么。

弗拉迪米尔·摩尔查诺夫：在刚开始做记者的时候，我就和形形色色的人打过交道。我花了大约七年时间去研究纳粹罪犯，这其中有一个被判刑十五年，另一位被新泽西州的犹太自卫联盟炸死。随后很长一段时间我没有再从事这项工作。在最近两年里，我和我的妻子一起实施了两项非常严肃的犹太项目的制作。其中之一是我们拍的名为《里加集中营回顾》的影片，另外就是在基辅的纪念巴比雅大屠杀事件65周年纪念活动。有六名在犹太人集中营中存活下来的囚犯如今仍然在里加活着，我们拍摄了其中的五名，因为另外一名已永远不能下床。这其中有一名被囚者叫孟德尔 巴什，他是一个卓越的乐队指挥和一位音乐学院教授，他的家人全部在集中营中丧生。在对他的采访中，他不停地重复着："上帝，您在哪里？"他尊重那些有宗教信仰的人们的情感，但是他再也没有办法向上帝祈祷，求助于上帝。

在您看来，为什么对人们那些在惊骇恐怖关头的祷告求助，上帝都没有回应呢？

莱特曼博士：我们也根本找不出任何例子来证明，上帝曾经回应过人们的祈祷。如果你追溯回顾人类的历史，您会发现它其实是人类逃离苦难的历史，这种状况一直延续至今。而且，这也并非只是局限于犹太人，对于其他国家和民族的人民亦是如此。

我们需要了解自然的规划、创造者的计划，那时我们或许能够找到我们现在正遭遇到的以及将来可能会遇到的问题的答案。然而，在过去的历史中，除了一小段远离苦难的短暂的宁静之外，我没有看到任何"光明"的时期。我没有看到一个对我们——不仅仅是犹太人，而是包括世界上所有人的——仁慈的上帝。

我觉得我们需要停止将我们的理解和意志强加在创造者身上，因为他有着自己的行为规划。上帝就是自然，或者那个覆盖整个宇宙，控制支配着它、并按照一个特定轨道引导着它的更高力量。我们不知道这个轨迹是什么样的，也不知道它的开始、中间和结尾是什么，我们只是本能地不情愿地存在于这个世界上。然而，如果我们试着去了解自然向我们要求什么的话，我们就会明白，要感觉快乐、崇高和和谐，我们需要采取的是一种截然不同形式的行动。

弗拉迪米尔·摩尔查诺夫：但是，在不幸的时候，尤其是在遭受苦难的时候，求诸上帝不是人类共有的特点吗？

莱特曼博士：是的，正是这些问题将我带向卡巴拉。的确，一方面，当我们研究生物体如何运作的时候，我们看到了每个细胞及其整个有机体被创造的智慧。自然提供给我们各种系统，使其各个要素以一个良好的、舒适的、适宜的方式来运作，同时使其各个要素之间互相协调、相互支撑。但是在另一方面，我们也看到这些要素也在不断地遭受着苦难，它们的整个生命都充斥着各种问题，都在不断为生存而抗争着。而最终，等待它们的只有死亡。换句话说，生物体的这种存在方式似乎十分荒谬，完全没有意义。

在卡巴拉中，我找到了这些问题的答案，我发现了宇宙赖以存在的那个法则，卡巴拉学家们对这些法则的描述可追溯至古巴比伦时期。我们需要把自然或创造者简单地看成是一种法则。如果一个人从房顶上跌下来，毫无疑问这个人会撞击到地面，在这个过程中，万有引力法则会发生作用，发生在这个人身上的一切都会遵循这个法则，此时您再怎么祈祷也不能改变这个事实。对于整个人类也同样如此，如果我们了解那些支配我们的世界的自然规律，并能正确地运用这些规律的话，人类将肯定可以生活得更惬意舒适。

弗拉迪米尔·摩尔查诺夫：您能够对犹太人的顺从作一下解释吗？我谈论的是纳粹对犹太人的大屠杀，我对里沃夫的亚诺夫斯基集中营、里加集中营和巴比雅大屠杀事件有一些了解。您能告诉我，为什么犹太人会如此乖乖地任人宰割呢？为什么他们没有选择同那些把他们推向火坑的希特勒分子们奋战到底呢？

莱特曼博士：根据卡巴拉的解释，这件事不足为奇。实际上早在这些大屠杀发生大约二十年之前，一位当代伟大的卡巴拉学家，即被人尊称为巴拉苏拉姆（Baal HaSulam）的拉比耶胡达·阿斯拉格，已经预测到这些事件的发生。他给人们提出了警告并写下了他们必须要做的事情：犹太人需要承担起上帝赋予他们的使命，他们需要首先为他们自己，继而为整个人类，揭示出那个我们怎样去建立一个幸福、团结一体的社会，并将人类引向她的预先设定的目的地，怎样和我们身处的自然环境和谐相处。

然而，不幸的是，没有人听从他的告诫。而且更不幸的是，他公开并悲痛地向全世界发出的预言（巴拉苏拉姆出生于波兰，并于二十多岁的时候离开了波兰）变成了现实。当自然规律开始起作用时，无论我们做什么，都已经不可能挽回了。

弗拉迪米尔·摩尔查诺夫：当我们拍摄《里加集中营》的时候，我曾被一位著名的历史学家的临终遗言所震惊，这个历史学家曾撰写了十本关于犹太人的百科全书，当他即将辞世的时候，他对站在其身边的犹太人说："Shrayden Iden, Shrayden"，这在意第席语（Yiddish）中的意思是："写作吧，犹太人，写！"犹太人必须写作，但是他们却写得越来越少。

莱特曼博士：不幸的是，在犹太人中，已经找不到能够像他们的祖先那样拥有伟大的灵魂、能够为全人类带来智慧的人了，这是这个民族当前正在经历的和过去两千年来已经经历的精神流放的结果。在圣殿被毁之前，以色列整个民族都处在一个精神世界的层面上，以色列人能够感知到那些更高的力量。在那本现在称之为《圣经》的《旧约》部分中，以色列几乎整个民族的每个人都能够领会上帝的旨意，并能像那些先知一样感知他自己乃至整个世界。

然而，接着，悲剧发生了。那种曾使人们感受到和自然和谐的互敬互爱（因为自然实际上就是一种爱、一种平衡、一种所有要素间的相互联系的感觉）瞬间被一种莫名的彼此间的仇恨所代替。利己主义突然爆发并开始盛行起来，而这导致了犹太人从他们的土地上被驱逐、被流放的命运。最初，这只是一个从精神层面到常规的物质层面的流放，结果却演变成了离开其生存的土地的流放。

现在，在遭到流放几千年以后的今天，我们得到了重新回到这片土地的机会，然而，这也仅仅只是给我们提供了一个上升回到那个丧失了的精神层面的机会。人们不明白也不愿意这样去理解这一点，犹太人想和其他所有民族的人民一样，只希望生活在这样一个物质的、利己主义的世界的层面。现在正发生在犹太人身上的灾难只是他们没有完成他们使命的结果。

弗拉迪米尔·摩尔查诺夫：您开始谈论利己主义，我曾读过您的一些著作（我想应该是三十本），每一本都提到利己主义是毒瘤，那么，从本性上来说，您也是一个利己主义者吗？

莱特曼博士：每个人都是！

弗拉迪米尔·摩尔查诺夫：每个人？您也是吗？

莱特曼博士：是的，我也是。其实每个人生来就是利己主义者，这是我们这个世界的本性。

利己主义最先出现在古巴比伦时期，卡巴拉也正是在那个时候开始兴起的。卡巴拉科学说利己主义的突然出现，以及在那之后一代又一代的持续的增长，是一个必要的过程，是一种自然特别提供给人类，而不是动物、也不是植物或任何静止非生命的物质的特性。利己主义这种持续的演变发展就是为了人类能够超越它们，并试着和自己类似的那些人重新建立一种联系，这样所有人最终就会变得像是来自同一个家庭的兄弟姐妹一样。

即使是在古巴比伦时期，卡巴拉学家们也十分了解这种发展的必要性，并试着给生活在美索不达米亚的古人们提供这种方法。然而，当时只有一小部分人按照这种方法行动了，这些人后来形成了犹太民族，而其他人都走上了利己主义的道路。

在长达一千五百年的时间里，以色列人都一直处于精神的层面上，直至他们自己也完全沦落成为了利己主义者为止。而现在，是我们采取一种反方向的行动的时候了，我们需要力重建卡巴拉智慧。首先，这需要在以色列人当中，在那些具有达成更高世界和精神的利他主义层面的天赋的人当中首先发生，然后，我们需要把这种教义传达给全人类的所有人。

我们所处的这个时代非常特殊，这是一个充满着危机和灾难的时代。危机无处不在：全球危机、生态危机、政治危机、经济危机，科学危机等等，看一看社会层面正在浮现的各类危机就知道了！所有这些危机只是用来警示人们，使人们能够开始正视自己，明白自己有改变其存在的本质的需要，并使人们意识到利己主义是邪恶的，从而迫使自己从它的束缚中解放出来。

但问题是人类并不知道该如何去做。我参加过许多国际会议，我看到大家都已经意识到了这一点，但是他们不明白，要如何、以及借助何种工具或何种力量，人类才可以改变自己的本质。

就如您所说，我们都是利己主义者。然而，通过学习卡巴拉，我们可以改变这种本性。只有卡巴拉能够指引我们寻找到那种能够改变人的本性的力量，一种能使我们改变的爱的力量。然而，由于我们和这种力量正好相反，由于我们都是利己主义者，这种力量就以如此残酷的方式呈现在我们身上。也正是因为如此，创造者看起来似乎对我们很残酷。这是因为我们希望仍然保持与之对立的状态造成的，并且天真地希望他根据我们出于自己的利己主义本性所认为的最好的方式来对待我们。这

在所有宗教仪式的祈祷活动中可以清楚地看到。

弗拉迪米尔·摩尔查诺夫：您声称只有卡巴拉学家才能提前看见和决定那些将要发生在地球上的事情（这些是您的原话），对于这点我非常好奇。我们已谈论过大屠杀，然而，这些骇人听闻的恐怖行为如今在以色列、俄罗斯、美国仍在发生。您是一个导师（RAV）、一个老师。您能说一下，对于这样一个被一群对犹太人充满着仇恨的穆斯林国家环视着的以色列，等待它的将会是什么吗？

莱特曼博士：这种预言就如同研究任何其他人类受制于已知规律的现象一样是可能的。自然法则是绝对的和客观的，《圣经》里所告诉我们的、《圣经》里所主张的，需要成为我们每个人生命的根本。如果以色列人无法从本质上从内在改变他们自己的利己主义，那么，在接下来的七到十年里，如果他们还不能超越利己主义走向利他主义、不从仇恨走向友爱的话，以色列民族在这个地球上将不会有立足之地，最终将会从这地球上消失。会像过去一样，这块土地将会"驱逐"我们。

弗拉迪米尔·摩尔查诺夫："如果我们不及时完成我们的使命的话，我们将被迫离开这片土地。"这是一个让人十分惊恐的说法。

莱特曼博士：是的，但这些并不是我个人的推测，卡巴拉告诉了我们这一切：这片上地将会遍布阿拉伯人，一切都会回复到几千年前的样子，然而，最终，按照创造者的计划，整个世界还可能会经历第三次、甚至第四次世界大战。

人类最终将不得不达成这样一种改变自己并认识到这是一种绝对的必要的认知，这要么可以通过认知，要么通过遭受苦难来实现。但是，如果我们不能及时意识到这种改变本性的必要性的话，未来等着我们的绝不会有什么好事情。

在不久的将来，纳粹政体将会在所有发达国家得以复苏。反犹太主义是人类本性中与生俱来的天性，它只是由于人们不情愿地感觉到犹太人掌握着逃离苦难，或者从相反的角度，进入幸福的大门的钥匙，犹太人自己也深深地懂得这一点。您问过我为什么犹太人会如此乖乖地任人宰割，那是因为他们知道他们应该为自己正在做的事而承受苦难，但他们不知道这些事背后的答案是什么，因为他们不了解卡巴拉，但不管怎样，他们却天生具有这种预感。

您瞧！所有的民族，所有的国家，在世界各地，无论您在哪碰到谁，即使他们从来没有真正和犹太人接触过，他们都会对犹太人持负面态度。这种态度深植在人的内心，因为人们总会潜意识地觉得自己必须要依赖犹太人。

弗拉迪米尔·摩尔查诺夫：比任何事情都重要的是，您谈到在不久的将来，纳粹政权将会在几乎所有国家得以复苏，这真的吓到我了。

莱特曼博士：这将会是现在的各种危机持续恶化的结果，看起来我们似乎可以找到一个出路来避免这个结果的产生，但事实上我们却找不到！在过去的两千年来，以色列人在流放过程中和世界上其他民族的人一直发生的那个融合，现在已经到了其结束的时候了。现在该是上升到与自然和谐平衡的层面的时候了 这不仅为我们自己，也是为了全人类。

弗拉迪米尔·摩尔查诺夫：您说"上升"，但是在地球上，穆斯林的数目与那些被称为"不信神的人"的数目相比，正在呈几何级数倍增。那种与"不信神的人"、与我和你的战斗，会讨创造者的欢喜吗？您能说出一些与之相反的事情吗？

莱特曼博士：这就是那些支配我们的自然力量的作用方式。无论如何我都不是在责备任何一个民族或某一个国家或某一个政党和个人，因为他们也同样都受到来自自然的支配，我们的这个世界只是那个更高的支配力量的结果而已。这些力量对人类施加这样一种影响，以至于使他们能够产生利己主义是邪恶的这样一种认知，只有那时，人类才会出于自

己的自由意志和决心去改变自己。

在这场活动中,穆斯林就像其他民族的人一样,也承担着一定的角色。我们不应该责备任何一个人,毕竟,人们只是在按照自然法则的要求在做。我对任何人都不感到仇恨,因为我看到在任何一种层面上,宇宙万物都是被那个单一的更高力量支配着的。

只有当我们和世界或我们所置身的环境保持平衡的时候,我们才会感觉到舒服。我们现在在愿望上、思想上、道德上、心理上都正在与自然背道而驰,而自然是利他无私的,它处于给予的精神层面上,就像一个伟大的母亲,而我们都是利己主义者。我们甚至想要去吞噬掉其他人,乃至整个自然。

在我们与自然平等相处,达到自然和谐之前,我们将会不断体会到自然对我们的影响,这些可能会通过阿拉伯人,或法西斯分子,或其他任何人感到这种影响。在这个过程中,谁扮演什么角色并不重要。我们将遭受苦难,我们将会感受到自然带给我们的压力。

弗拉迪米尔·摩尔查诺夫:您刚才说,"我对任何人都不感到仇恨。"然而,那只是您,或许我还有其他许多人也会有同感,但这并不代表着每个人都会这样去想。对于您的"一个热爱上帝的人必定会厌恶利己主义"这句话,我感觉很疑惑。这与那些宗教领袖们的行为和宗教习俗相比,是怎样的呢?无论是天主教、东正教、还是犹太教的领袖们都声称只有他们的信仰是正确的。毕竟,这已经是21世纪。

莱特曼博士:宗教是由人类发明的,它只是为了给人们提供某种心理上的慰藉;它试图使人们相信,他们来到这个世界上就是来遭受磨难的;它使人们产生对来世抱有憧憬的心理期待,尽管这些都是毫无根据的。

我将宗教信仰看成是人类的发明,它们仅仅只是一种人类文化现象,仅此而已。它是人类自己出于逃避苦难的自然愿望想像出来的,没有任何基础,与卡巴拉没有任何联系,也与那个真正的支配着我们的这个世界的更高力量没有任何联系。卡巴拉与所有的宗教都是截然不同的。

弗拉迪米尔·摩尔查诺夫：您刚刚提到有可能会爆发第三次甚至第四次世界大战，您认为这些战争的爆发的根源是不同宗教间的相互仇视吗？

莱特曼博士：不，事实上这并不是出于宗教的相互仇视。伊斯兰教并没有对我们显示出它真实的形态，这些战争将会是出于某些政治和经济的目的。这些战争并不是宗教战争，而是我们的巨大的利己主义之间为争夺利益的战争，它们已经膨胀并发展到了最终的阶段。

利己主义的发展总共分为五个阶段，它们决定了各个时期的社会经济形态：包括文艺复兴、科技和文化革命等等。它们发生的根源都对应这五个发展阶段之一（这在我们即将出版的另一本著作：《隐藏的自然规律：历史，现在和未来》中有详细的阐述）。现在我们已经到达了利己主义发展的最终阶段，在这个阶段，我们逐渐意识到已没有什么可以满足我们的利己主义欲望的东西，我们正处在某种利己主义的死胡同。现在，人类无论选择哪条利己主义道路，在前面等待他们的绝不会有任何光明和惊喜。

第一次，我们开始意识到我们的孩子将不会比我们有一个更好的未来，甚至可能会比我们更糟。这么说吧，我们感觉到，这个世界已经走到了尽头。这实际是我们内心的一种无助感的反射，而这种无助感，部分是有意识的，部分是无意识的，它最终导致恐怖——一种爆发，最终引发战争。

弗拉迪米尔·摩尔查诺夫：是的，一种仇恨的爆发。教授，我们是人类，爱和恨不是人类所特有的吗？我非常好奇，当您的以色列同胞刺杀了以色列总理伊萨克——拉宾并鼓动杀死阿里尔——沙龙时，您是什么感受？作为生活在这样一个奇妙的小国度的犹太人，您能够对这些现象作一些解释吗？

莱特曼博士：人们正在经验这样一个可怕的状态：他们被驱赶回到了这个国家，而且，我敢说，只要他们有机会在其他地方生活得更好，他们中的大部分人都会非常乐意离开这里再回到原来那些地方。人们不明白为什么他们会在这里，而那些想在这里生活的人却被一些虚幻的、人造的目标所误导　　他们认为，他们可以通过武力和某些假想的精神力量拯救他们自己和这片土地。

人们不明白，他们需要上升到一个精神的层面，他们需要准备去改正他们自己，然后把这种自我改正的方法传授给全人类。他们不明白这个。

您知道宗教产生的原因吗？它是几千年前，当以色列民族从精神层面堕落到这个物质和利己主义的层面上时产生的。犹太人不但没有在自然的层面上、在对更高力量和更高世界的感知状态中去追求精神的存在方式，他们开始只是想象这个世界。结果，他们发明创立了今天他们自己的宗教　　犹太教，并随后由此衍生出基督教、伊斯兰教。现存于人类文化中的所有东西都是人类从精神层面堕落到这个物质层面后产生的结果。

如果以色列民族能够从现在开始，树立一个从这个物质层面上升到精神层面的榜样，这样就会平衡不同宗教间和国际间出现的问题。毕竟，卡巴拉是从那些古巴比伦人，即从那个产生了我们今天人类伟大的现代文明的古巴比伦的狭小文明中诞生出来的，所以，它本身也是属于全人类的伟大智慧，因此，卡巴拉有把我们全人类重新团结成一个团结的、单一的巴比伦民族的力量。

弗拉迪米尔·摩尔查诺夫：请告诉我，在您看来，卡巴拉会成为一个民族的概念，还是一个超民族的概念？

莱特曼博士：卡巴拉是超民族的。事实上，犹太人仅仅是一个建立在意识形态上的民族，他们形成于古巴比伦时期，然后从巴比伦脱离出来，最终在精神原则的基础上存在下来。后来才开始被叫做"以色列民族"。当这个民族从精神层面上沦落后，其名字仍然保留着，但也只是徒有其名而已，并不是某种遗传意义上的民族。

弗拉迪米尔·摩尔查诺夫：在以色列，那些犹太教拉比们是如何对待您的？

莱特曼博士：如同一个异己。

弗拉迪米尔·摩尔查诺夫：真的吗？

莱特曼博士：当然。

弗拉迪米尔·摩尔查诺夫：在这里，您觉得自己是一个异己吗？

莱特曼博士：不，不是，那只是他们的想法 卡巴拉学家一直这样觉得。纵观人类历史，卡巴拉是和宗教一直平行地发展着的，但却并没有以任何形式融入到宗教的领域。卡巴拉关注的是一种达成精神世界的内心愿望，不是通过信仰，而是通过实际达成。通过对支配这个世界的更高系统的感知以及进入到那个系统里面来实现的。这和宗教正好是矛盾的，是背道而驰的。

弗拉迪米尔·摩尔查诺夫：我听说在您住的社区附近，住着很多信仰宗教的犹太人，这会对您有所影响吗？

莱特曼博士：不，我们之间根本没有任何接触。卡巴拉的道路与那些有着宗教信仰的人（犹太人或其他人，怎么称呼都无所谓）所选择的道路正好截然相反。

弗拉迪米尔·摩尔查诺夫：您声称存在着某些客观的自然规律，对于这种规律，任何人，包括布什或斯大林，也都无可奈何。那么，这些规律是什么？难道那些被斯大林和希特勒杀死的数以百万计的人也是因为这些客观规律起作用的结果？他们也陷入了这些规律的作用吗？

莱特曼博士：很不幸，是这样的。如果我们在谈论规律，我们必然将我们个人的情感因素抛开，我们只需要去了解那些影响这个世界的自然力量会如何变化。

这将会是这样一幅景象：一个单一的、包罗万象的、完全利他的力量正引导着人类走向一种与其品质变得相同，就像任何一种物理的力量，在它发生作用时，并不会以人的意志为转移一样。这就是我们所处的状态。

您正在谈论的是一个仁慈的上帝，各种情感，以及上帝庇护其所创造的生灵。但这些事情并不存在。那些客观的自然规律在卡巴拉的原始著作、我的著作及翻译作品中都有阐述，但这些书都只不过是过去的那些著作的重述而已。真正第一次对卡巴拉智慧的科学阐述是在古巴比伦时期出现的，也就是亚伯拉罕的《创造之书》《Book of Creation》诞生的时期。卡巴拉的整体概念、自然的整体规划都在那本《创造之书》里有所阐述。

如果我们不是以正在体验各种痛苦的创造物，而是以一个旁观者的角度去审视一下发生在我们身上的事情的话，我们就会明白它是自然力量作用的结果，而且这种力量还会继续用这种方式引导我们前进。如果我们不明白这些力量，如果我们不清楚我们应该如何相应行动（就如同在物理和化学领域一样），如果我们不懂得如何运用这些规律来为我们服务的话，我们将会继续遭受磨难。

弗拉迪米尔·摩尔查诺夫：我希望我的问题不会冒犯到您，我是一个有好奇心的人，我只是想弄明白这个事情。

我不想贬低自己，也不想贬低我所学的知识，因为这并不是我活着、出身良好、受到良好教育的目的。我对您所说的"一个人感觉越是谦卑，他就越接近他的真实状态、越接近创造者"这句话感到很费解，在您看来，"谦卑"指的是什么呢？

莱特曼博士：当我们遇见伟人时，当我们和他们交谈时，我们会突然发现自己对自己领域的知识缺乏自信。如果一个人是一个真正伟大的探索者的话，他就会明白我们仅仅只是处在某种永恒的事物的开始。我们需要到达这样一个境界，在这种状态下，我们会觉得我们所生存的这个世界是有意义的，因为我们实际上对它还一无所知。

从科学目前正在遭遇的危机来看，科学并不能向人类揭示存在的更高层面。这些科学源于我们的本性，我们发现了它。我们用我们的五官来感知这个世界，而且世界的整个画面也都是通过这种方式呈现在我们面前的。对于不同的感知者而言，他感知的结果也可能会截然不同。如果我们不再用过去那种傲慢的态度对待这个世界，好像我们已经知道并了解了所有事物并正在正确地做着所有事情的话。如果我们能够真正正确地对待这个世界的话，我们将可能揭示一个额外的、巨大的操控着这个世界的更高的力量层面。而这对我们来说也是大势所趋、势在必行。

自然不断地给我们以打击，为什么我们不想一想存在于这一切背后的意图是什么呢？毕竟，任何事情的发生都不会是毫无目的的。大自然只有这样做才会使人们开始去研究所有这些看似偶然的灾难背后的起因和意图，从而在总体上研究我们的存在方式。没有事情会消失得无影无踪，也没有事情会无缘无故地发生，只有人类相信他们有力量有理由去改变任何事物。结果，他们到达了这样一种危机的状态。

弗拉迪米尔·摩尔查诺夫：当我在读您的著作的时候，我有一种印象——您并不承认正规的科学，您强调我们需要更多的心理学家，并且这是唯一一种我们需要从科学中获得的东西。但是，请告诉我，一个生病的人应该怎样做？他应该去看医生吗？那些住在地震区的人们该怎样做呢？他们不应该去找地震专家吗？我对于这一点感到非常奇怪。难道您不是来自一个科学的世界吗？

莱特曼博士：不，不，在任何情况下，我都决不会否认人类所创造的科学的伟大，或否认那些对于我们所处的这个世界的相互联系的揭示。我的第一个专业是生物控制论，接着我研究了哲学和本体论。我对所有的关于科学的新闻都很感兴趣，现在我也是"世界智慧协会"的一员。其实我一点儿也不蔑视科学，这可能是因为你参考的是某处的错误翻译，或仅仅是某种断章取义的错误理解而已。

我们需要知道现代科学揭示的是物质的性能，而不是支配我们这个世界的力量，我们的科学只是对我们的世界作了一个实用性的补充，它们并不会改变我们生命的实质。

我们知道，人类一直在试图寻找新的药物，并设法使我们的日常生活和生活环境变得更加舒适，但是我们仍然逃脱不了自然对我们的影响。这么说吧，相反的，从它发展我们的角度来看，我们已经落在了发展计划的后面，自然一直在持续地向我们施加着越来越大的压力。

这只要看一看如今患忧郁症的人数增加的程度就知道了。当前，抑郁已变成是头号疾病，严格来说，癌症就是纯粹的利己主义在我们身体层面爆发产生的结果。当身体中的一个细胞开始想要吞噬掉其周围的其他细胞时，癌症就在身体内滋长起来，这也正是我们所处的这种精神状态产生的精确的结果。家庭矛盾、出生率下降、离婚、毒品……以及那些以前从未发生过的现象都在爆发。人们从未像现在这样如此渴望放弃自己的生命和这个世界，想要忘记一切，以求超脱自己。

那么，我们需要到哪里才能寻找到那种能够帮助我们以某种形式存在的力量呢？世俗的科学将不会给出这类问题的答案，他们是纯粹的实用主义科学。然而事实并未如我们所愿，研究电子的结构（尽管这是正确的，而且我们也需要这样做）并不能使我们免遭苦难。相反，我们的下一代甚或下下代将会变得越来越糟。如今，科学家们已开始在科学会议上公开地讨论这个问题，而这个问题我在十五年前就提到过，但当时却遭到了人们的嘲笑。大约在六七年以前，我在美国的时候，我开始和一位美国哲学家撰写一本书，但是他坦率地告诉我，"在哲学家圈子撰写有关危机的书是不被允许的"。但是，今天每个人都已经开始撰写并讨论它。

弗拉迪米尔·摩尔查诺夫：您正好开始谈论到毒品，我认为滥用毒品是一种极大的邪恶和堕落，然而，您写到（可能又是一个不正确的翻译或误解），"那些毒品上瘾的人只是那些社会不相容，沉浸于他们自己的内在世界里的人们。那么，我们为什么就不能允许这些人享受这种快乐呢，毕竟它们并不会对社会产生直接危害"。而且，您还建议在给予失业津贴的同时甚至可以考虑发放免费的毒品。

莱特曼博士：我其实是想表达一种不同的观点。我想说的是毒品并不会对社会产生危害，它们给人们提供了一个寻求快乐和逃避这个给他造成苦难或无法满足他的需要的现实世界的机会，但是他们并不会对社会构成直接威胁。当我在问"为什么我们不能给每个人发放毒品呢"的时候，这并不意味着我提倡这样去做，我只是在通过问"为什么我们要反对毒品"这个问题引发人们进一步对生命存在和其意义的思考。

毒品使一个人从现实世界逃离，使得他不再去寻求生命的意义。我们对毒品表现出的负面态度是深植于自然的规划当中的，就是因为毒品最终会使人们脱离其存在的目标——使人们脱离社会，不去思考生命存在的意义，更别提去实现它了。尽管如此，人类仍然在继续生存、在承受磨难等等……自然正在不断地引导着人类前行。而与此同时，毒品却使一个人脱离现实的一切。正是基于这个原因，人们无意识或有意识地反对毒品。

社会需要给人们提供一种可以超越这个现实世界的机会，让人们理解他们生命的存在价值和生命意义。毕竟，人们正是因为在感觉到生命毫无意义时，才转向毒品来寻求慰藉的，不是吗？

弗拉迪米尔·摩尔查诺夫：人们将会习惯让他们的孩子去适应毒品而且会有意识地这样去做吗？……

莱特曼博士：是的，这已经是毒品泛滥的下一个阶段。

弗拉迪米尔·摩尔查诺夫：如果我没理解错的话，您的确把它看作是一种邪恶或堕落，是吧？

莱特曼博士：当然。

弗拉迪米尔·摩尔查诺夫：您说，"对邪恶的认知就是认识到一个人的利己主义愿望的邪恶"，那么，在您看来，罪恶是什么？

莱特曼博士：我们被自然创造成一个单一的有机体。这似乎已是一种陈词滥调，但是这的确就是事实本身。只要瞧一瞧我们的身体 组成它的所有的器官、细胞、系统以多么完美的相互作用、绝对的和谐而存在着，每一个细胞都会从有机体的整体利益考虑，并为整体的利益提供服务。每一个细胞都只会按照维持其自身生存所需要的最低标准去索取，其行为都是为整体服务的。就是这种独特的相互作用确保了整个系统的存在和延续。而一旦某个细胞开始只是索取而不是给予，它就变成了这个机体上的一个癌细胞。

自然是由静止层面、植物层面、动物层面和人类这几个层面组成的一个单一的有机整体。而"人类"层面特指的是我们的意识层面，或我们对待世界的态度。这就是在我们内心中叫做"人类"的东西，而我们的躯体却是处于动物层面的。我们所有人，人类和处于其他不同层面的自然的其他组成部分，应该都是相同的，我们需要以一种绝对和谐的方式紧密联系在一起。自然 除了那个寓于我们内在的"人性"层面之外（即我们的意识，对于彼此和世界及自然所有东西的态度）的所有东西 都已经在以那种以整体利益为行动指引的方式和自然和谐存在着的。

我们的身体是属于一种动物层面的存在。有必要引导人们达到这样一种状态，在这种状态下人们能够意识到自己成为了自然不可分割的一部分。通过这样做，人们可以揭示永恒与和谐，体验到完美，然后与强大的自然融为一体。人类被注定是要上升到这种层面的，这是我们存在的目的和宇宙及人类进化的方向。

而要实现自然的运行计划注定要我们达到的这种永恒和完美的目标，我们有两条道路可选择。一条是继续通过苦难的道路来实现，这是几千年来人类都一直在走并正在走着的一条漫长的道路。另一条道路就是通过向人类揭示一个更高的系统或更高世界的存在，然后"看见"未来的目标，主动地去实现目标的道路："是的，我们就是这样被创造的。看哪，前方有光明，那是一个多么伟大、永恒、完美的状态啊！"

卡巴拉的唯一目的就在于教会人们真正看懂这个世界，了解创造的秘密和我们在创造的宏伟蓝图中扮演的角色，使创造过程变得透明，并通过它看清楚在一幅完整画面上我们现在所处的位置。然而，如果人类没有能够充分利用这种智慧的话，那么慢慢地，在越来越频繁和巨大苦难的沉痛打击的影响下，人类也不得不被迫意识到要做出改变，这样它仍然会上升到那样一种状态。如今最大的问题就是我们能否呈现一个促使人类觉醒和提升的科学的方法。您看到，卡巴拉是一门科学，只要看一看这些图表和图纸的数量和其逻辑性，您就明白它是一种有关更高世界的科学。你在问，我们能够把卡巴拉方法展示给全人类吗？人们会选择这种正确的道路吗？我想说的是，如果不能的话或者人类不愿听取的话，等待着我们的只能是沉重的打击、更加沉重的打击直到无法承受的打击。

自然对我们的态度从未改变过，也不会改变。发展的重担就在我们的肩上：如果我们能够充分利用卡巴拉智慧，我们的发展之路就会变得一帆风顺；如果没有利用好它，我们就会像那些愚笨的孩子一样得到教训。通过逃离那些打击，我们还是会按照发展的规律给我们指引的方向前行。人类唯一的邪恶就是与自然的不和谐，也就是我们的利己主义和自然的爱和给予的利他主义法则之间的不和谐，不只是不和谐，而是处于完全的对立状态。我指的并不是那些日常生活中狭隘的利己主义，我们需要从全球、从人类的整体层面来认识这个利己主义和自然的不和谐。

这一点在《圣经》里阐述得非常清楚。古巴比伦时期的人们想要建立一座通向天国的"骄傲"的通天塔，由此人们"失去了他们的共同语言"，彼此再也不能互相理解，同时出现了一种"混杂的语言"。可以这样说，古巴比伦人被分散到世界各地，就是因为人们之间再也无法共存下去。这的确是一种邪恶，唯一的邪恶，难道不是吗？除此之外，你找不出另外的邪恶，我们在这个世界上我们感知到的、看到的所有罪恶现象都是这个邪恶的表现而已。

我们还需要知道的是，使我们相互疏远和相互对立的利己主义被创造出来，为的就是让我们无法逃避开它，也无法压制它，也没办法消灭掉它，而只能是超越它并且连同它一起上升，只有这样我们才会相互团结起来，就像在一个大家庭中，每个人都了解彼此的弱点和其他方方面面一样。特别是在超越它时，才会存在一种彼此之间的互相联系和相互关爱。

一旦我们能够以这种方式团结起来，我们就会感受到我们与周围世界的和谐，感受到它的永恒和无限。我们再也不会感觉到自己的动物的身体，我们将会感觉得我们处于"人类"的精神层面上，这是一个与动物完全不同的层面，一个生命永恒的层面。我们的生命和这个世界都将不会有任何问题，我们对我们自己所处的这个物质世界的感觉将会消失（它只是一种小的维度上的存在，例如，存在于运动、地点、空间以及大约七十年时间等等）。我们将会发展出一种对待他人、我们自己以及整个宇宙的截然不同的态度。

弗拉迪米尔·摩尔查诺夫：谢谢您，教授。我在一生中可能犯过很多的错误，但有一个错误，至今仍自责不已。在80年代末，我有一档节目叫《午夜前后》，这在当时可能是全国最受欢迎的一个节目。有一次，在这个节目上，我放了一段名为Vissarion的节目，他自称（或被他人称为）新的救世主。那并不是我的节目话题，也不是我在同这个人对话，但是我想我犯了一个大错误。许多人开始对Vissarion感兴趣起来，并由此发生了可怕的人类悲剧。我想问问您，您如何看待宗派主义？如何看待Habbad教派的？如何看待像这个Vissarion、奥姆真理教（日本邪教组织）和赛巴巴等的？

莱特曼博士：人类一直在寻找某种可以到达一种完美舒适的存在状态以及上升到精神层面的存在的途径，人们想要超越这个物质世界的束缚，他们不想处于时间、空间以及周围的其他力量的压迫之下。从古至今，人们就一直对这个感兴趣。当然，有些人非常热衷于把这些东西卖给他人以满足自己的私利，同时也有一些人，在不是很了解它的情况下，开始对它产生兴趣，继而变得着迷，顶礼膜拜。

我认为，目前所有这些对新世纪理论、冥想等东方教义的狂热痴迷将会很快消失，事实上，现在它已经开始在消亡了。

弗拉迪米尔·摩尔查诺夫：在这儿它会消亡，但是在俄罗斯，或在世界其他地方，它可能不会。

莱特曼博士：在俄罗斯，这一进程有一点稍微落后于自然的计划，各种所谓的"精神方法"的兴起可能比世界上其他的国家要晚。如，披头士乐队在50年代开始风靡欧美，然而在俄罗斯，在80年代才开始出现，落后了30年左右。但无论如何，它终有消亡的一天，但是，人类需要有这样一段经历所有这些事情的经验。赛巴巴和其他那些组织都扮演着某种特别的角色，以便人类能够尽快地度过被这些所谓的方法吸引的时期，并最终意识到它们是站不住脚的谎言或迷信。我把这一过程看作是自然而然的。

你可能也见过这张图片，如果你重新调整你的视角和焦距，你的目光就会透过这张图片，然后，一个多维或三维的图像会突然显示出来。开始时，看上去只是一些毫无意义杂乱的线条，然而当你穿透它们，这么说吧，当你不是在直接看它们时，一幅新的图画便会从中显现出来。

如果我们也能这样重新调整我们的视角和焦距，那么我们也能够透过这个世界纷繁复杂的各种表象，发现一个新的维度的存在，而实际上这个维度本身一直存在在那里。而如果一个人可以在这个世界存在的同时又能够同时存在于这个新的维度的话，那么所有这些所谓的方法将不再对我们有任何影响。我们将会明白，通过战争、仇恨或互相压迫对方的方式，我们将永远无法实现和平。事实上，我们这样做只是在惩罚我们自己。毕竟，在现实中，整个人类社会都只能基于相互关爱才能存在，如果一个人、一个民族、一个组织的存在与这种法则背道而驰，那么他们首先毁灭的将是他们自己。对此，我们将拭目以待。

如果人类能够擦亮他们的双眼，真正看到未来，清晰知道自己在整个 宇宙创造过程中扮演的角色和未来将要到达的崇高目标，他们就不会有犯错的机会，就像人们绝不会将自己的手伸入火中一样。

弗拉迪米尔·摩尔查诺夫：我可以问您一个看上去有些愚蠢、幼稚的问题吗？

莱特曼博士：当然可以。

弗拉迪米尔·摩尔查诺夫：首先，我简单地讲一下我的故事。我跟您提过，去年我和我的妻子一起拍摄了一部名为《里加集中营回响》的电影。后来，我，一个丝毫没有犹太血统的人，被犹太社区联盟授予了"年度人物"的头衔。然而，作为我们这部电影共同的创作人，我的妻子，却没有被授予任何荣誉。我独自上台领奖。在我之后，著名的导演马克 罗佐夫斯基，也走上了领奖台。他的妻子是他影院的经理，同时也是他的首席音乐伴奏师，但是她只能在幕后演奏，因为她不被允许上台。您对妇女持怎样的态度？您也不喜欢她们吗？

莱特曼博士：所有的宗教信仰，都将女性的地位摆在次于男性的位置。当人与人之间的和谐的缺乏对两性之间的相互交流产生不良影响时，就形成了一个人类不得不面对的问题。如果我们去看看（又回到了同一话题）人类社会的和谐画面，我们将会看到男性和女性是如何取长补短、相互补充的。如果我们能利用我们的知识，在家庭、社会、工作、创作中建立一种和谐的互补和互动，一切都将会有所不同。

尽管事实上美国人是如此极力地争取男女平等，但是我不相信人类的权利会简单地"平等"。因为，我们并不了解权利平等的真正含义是什么，它并不意味着让每个人都成为单性的或者无性的人。平等的权利意味着对被称为男人或女人的这些生物 对其精神的内在的含义上扮演的角色的正确理解，而不只是将生理机能的层面考虑进来。当一个生物体处于一种情形，而另外一种生物处于另外一种情形，它们在动物层面上的舒适的共存才成为可能。如果我们不能对男性和女性在其更高的精神层面的根源有所了解的话，我们将完全不可能实现男女平等。

从卡巴拉的观点看，在创造的男性和女性之间（阴阳、给予和接受两种力量之间）存在着非常精细、严格的区分，自然将其力量分成男性和女性、阳性和阴性、正或负等等。我们没有必要把他们混合起来或使它们在表面上平等起来。当人们了解了这两个根源时，就会了解它们是如何相互作用，共同引导人类走向和谐的。

弗拉迪米尔·摩尔查诺夫：当我走进一个基督东正教教堂时，我注意到，那儿的大部分人都是无家可归的孤苦女人，或者是有一些有家庭问题的女人。我很好奇，在您的学生中，也会有很多这种孤苦的、无家可归的女人吗？

莱特曼博士：我没有女性学生。卡巴拉主要是为男性设立的，知识和精神的达成是通过男性传递给女性的，基于这个原因，我只接收男性部分。

当然，世界上有许多女性和我们一起在学习卡巴拉。她们通过听课、看我们的书籍、听演讲等方式来学习。女性帮我们处理这些材料。我们组织中女性的数量已经达到了成千上万人，甚至可以说有几十万人。然而，就我个人而言，我仅仅只教男性。我并不会因此觉得羞愧，也不会对此保持沉默。自然给男性注入了一股巨大的、邪恶的力量，正因为如此，他们有更大的空间来改正自己，需要改正的东西要比女性多。相比之下，女性与自然更加接近，她们与男性相比，其身上有着较少的邪恶，也就有着更少的机会或必要去改正自己。因此，首先我们需要改正的是男性这一方面。我们看到这个世界上所有的邪恶是来自于男性而不是来自女性。

弗拉迪米尔·摩尔查诺夫：我想，这就是我的妻子和马克 罗佐夫斯基的妻子不被允许上台的原因，也是您不允许女性走进您课堂的原因。但将来这种状况有没有可能改变呢？

莱特曼博士：这种男女之间的差异将不会消失。在未来，当更多人开始探索宇宙结构、更高力量以及对这种知识的认知的时候，男性和女性之间的差别将会以一个适当的方式出现，但是它不会改变。我们不能中和自然。通过对卡巴拉的学习来了解自然，通过揭示影响着我们这个世界的更高世界的男女力量，我们发现了男性力量的(尤其存在于男性)影响控制并推动着所有事件的发展。同时，女性的力量可以帮助男性并使其保持平衡。正是出于这个原因，特别是女性在推动着人类的不断前进、繁衍生息，而不是男性。

如果男性力量不能被女性力量所平衡，不能被女性力量所伴随，或者女性力量不能够对男性力量作一些补充的话，人类也就毫无发展的前景可言。我无法用三两句话描述清楚这件事情，但我要特别强调的是，卡巴拉强调男性是邪恶的主要来源以及是影响世界的主要力量，准确地说，是男性需要被改正。因此，人们对他们的态度多少是有些负面的。

弗拉迪米尔·摩尔查诺夫：谢谢您。我知道在卡巴拉学家间有一种层级结构，您在其中也处于某种地位或级别吗？而且，怎样才能把一个真正的卡巴拉学家和假的卡巴拉学家区分开来呢？

莱特曼博士：卡巴拉科学起源于古巴比伦。第一位卡巴拉学家亚伯拉罕，实际上是巴比伦王国的一位牧师，他制造并出售偶像，是一位偶像崇拜者，他为人们所尊敬。当被人们称作巴别塔的利己主义开始盛行的时候，亚伯拉罕 主要是因为他在当时是一个聪慧且有学识的人，设法弄清了已经显现出来的利己主义的意图，从而揭示了卡巴拉科学。卡巴拉学家告诫人们要脱离利己主义，这样才能达到自然的更高层面。

亚伯拉罕和一些来自古巴比伦的人们成立了第一个卡巴拉团队，而这个团队存在了数千年。另一个伟大的卡巴拉学家是拉比西蒙·巴·约海，他撰写了闻名世界的《光辉之书》，这是一本卡巴拉的根本性著作。当然，拉比西蒙·巴·约海和他的著作中所描述的内容具有权威性。还有一位伟大的卡巴拉学家是阿里（ARI，当然其间还有很多其他的卡巴拉学家），这已经是16世纪了。他居住在以色列北部的Tzfat，他一生留下了大约二十本著作。

弗拉迪米尔·摩尔查诺夫：为什么是Tzfat成为了这样一个卡巴拉学习的中心呢？

莱特曼博士：是的，它是当时的一个卡巴拉学习的中心。在阿里之后还有几名卡巴拉学家，在这里我只是列举了其中最主要的几位。在20世纪以前，我们几乎找不到一位像拉比西蒙·巴·约海和阿里（ARI）这样杰出的卡巴拉学家。直到20世纪，才出现了另一名杰出的卡巴拉学家，他对之前的卡巴拉智慧做了一个归纳，并且用一种清晰的、科学的语言将它描述了出来，这是一种大学课本里使用的语言，一种我们所有人都可以阅读和理解的语言。在他的著作里面，他对所有保存至他所处的时代的卡巴拉原始资料做出了评论和阐释。这个伟大的卡巴拉学家就是耶胡达·阿斯拉格（尊称巴拉苏拉姆）。他去世于1954年，他的长子巴鲁克·阿斯拉格是我的老师。

我大约是在1979年遇见我的老师的，然后跟随着他直到1991年。我一直跟随着他学习卡巴拉智慧直至他去世为止，他是在我怀中死去的。因为他的名字叫巴鲁克，在他去世后，我们把卡巴拉研究院命名为"Bnei Baruch"（意思是巴鲁克的孩子）。

在以色列，我和我的老师一起，经常访问那些潜心研究卡巴拉的卡巴拉学家们。在当时作为一个初学者，我陪同我的老师，与这些卡巴拉学家们见面，询问他们问题，进而开始了解到怎样才是一个真正的卡巴拉学家，以及如何把他们同其他人区分开来。

如今，要么是我缺乏相关的知识，要么就是再也碰不到这样的人。那些当时与我和老师见面的人都已不在人世了。我们访问他们，他们也回访我的老师，那时我总是在老师身边，也因此，当他们谈话的时候，当他们在卡巴拉科学交谈会上交流时，我都在场。如今这些人都已不在人世，而且遗憾的是，我也没有找到能够继承他们的人。

但是，《光辉之书》告诉我们当Pnei ha Dor Ki Pnei ha Kelev（可译为"当时代的领袖们都有着狗一样的面孔时"）时，人类必须达到一种状态。换句话说，当时代的最好的领袖和精英们也变得如同平常人一

样渺小和功利时。这就是我们必须要达到的状态。

弗拉迪米尔·摩尔查诺夫：我在莫斯科和在基辅见过某些自称是卡巴拉学家的人。然而，我注意到，他们对卡巴拉的兴趣只是局限于某些特定的护身符等等。我明白这一点。在俄罗斯的东正教堂，有人四下环顾美丽的圣像，并陶醉其中。圣像也是一件物品，这与信仰根本没有什么关系。这是我的观点。

那么，为什么我们会要向一个人们所绘制的偶像祈祷呢？

莱特曼博士：在以前的时代，圣像是人们传播信仰所必不可少的物品。毕竟，人们不知道如何阅读，为了表达某些信息，他们就会采取绘画的方式。如果他们是在画耶稣，他们就在画像旁边画上一头骡子；如果他们是在画使徒保罗，又会有所不同。对于那些不会认字而需要借助图画中的宗教故事来了解信仰的人来说，圣像的出现是非常必要的。所以，它以图画的形式传播开来，然后人们就会很明确地了解当时被谈论的是什么。

弗拉迪米尔·摩尔查诺夫：这些被出售的护身符和卡巴拉有什么紧密的联系吗？

莱特曼博士：不，没有一丁点儿的联系。在我们的这个物质世界里，没有任何事物跟卡巴拉是有联系的——包括犹太教、基督教或者伊斯兰教等的护身符，或其他任何你可以触碰到的东西都与卡巴拉无关。

卡巴拉向我们讲述一种人们脱离自己的肉体躯壳而存在的状态，也就是说，一种脱离我们的动物属性而存在的状态。它与人们使用他们的手臂、双腿做些什么，或用他们的舌头说些什么都是没有关系的，因为所有的这一切联系都是完全错误的、不真实的，也可能完全是一派胡言。人们不知道事物是如何运作和存在的。所以，他们把这些护身符作为特别的、珍贵的东西来对待。然而，这些护身符本身是没有任何意义的。

在这个世界上,卡巴拉并没有将任何力量赋予给任何物体。它们都是毫无意义的,它们中的任何一个都不具备任何超自然的力量,那种现象在卡巴拉看来就叫做偶像崇拜。

弗拉迪米尔·摩尔查诺夫：请允许我问一个看似愚蠢的问题：俄国有一个谚语"与别人联结就等于作茧自缚"（在俄国,这是个听起来像"卡巴拉"的文字游戏）,但我找不到这句话的出处。

莱特曼博士：我觉得这个谚语与卡巴拉没有任何关系。卡巴拉,或Lekabel在希伯来语里的意思是"接受"。卡巴拉告诉人类要怎样才能接受到无穷的、永恒的快乐,而这种状态是超越我们这个物质世界而存在的状态。而且,由于我们现在的状态因我们利己主义本性而与利他主义的品质相对立,所以我们怎么也接受不到它。毕竟,如果我想要接受到什么的话,我首先得有一个对它的足够的、适当的渴望。

比如,要想听到某种声音,我们的耳朵必须要调试到那个特定的对应频率；同理,要想看到某种东西,也必须如此；其他的感官感知的原理也诸如此类。我们的感官经过调整适应之后,就可以对周围世界里一定范围的东西做出回应。要收听广播,我们必须在收音机内部"创造"出一种可以对外界电波做出回应的相同波长（这在物理学上称作共振效应）,只有这时,我们才能听到相应频率的广播。我们也有一种"振荡电路",它可以产生一种与外界类似的电波,当我调试这个电路的频率时,就能创造出各种不同的内部电波,就能捕捉并听到那些夹杂在所有外界电波中的与自己的电波类似的频率信号。

对更高世界的感知也同样是如此。我必须先在我们自身内部调试好我们自己,在我的"振荡电路"上创造出某些与更高世界相似的频率,这样我才能开始感觉到更高世界。

卡巴拉告诉我们怎样接受那些更高的信息 从而感到满足和快乐,它教会我们如何从我们自身内部创造出一个精神的接受的容器（Kli）。我看不出这个谚语和"卡巴拉"一词有任何联系,这儿大概是用的其他语言吧,比如说哈札尔语或土耳其语。

弗拉迪米尔·摩尔查诺夫：那么请问，您有多少个孩子，多少个孙子孙女？

莱特曼博士：我有三个孩子。我的儿子住在加拿大，他跟一个法国女人结了婚，他们有三个孩子。在他的工作之余，他会帮助我在北美传播卡巴拉。我的大女儿在以色列，她是一个生物学博士。她在一家大型科学实验室工作，主要研究癌症遗传学，她对此极感兴趣，而且她也在这个研究领域实现了她自己的价值。而她的丈夫和我在一起研究卡巴拉，他是我的一个学生，主要负责俄语地区。我的小女儿正在特拉维夫市的一所大学攻读哲学和卡巴拉博士学位。她现在未婚。

弗拉迪米尔·摩尔查诺夫：那么，您是有三个孩子，三个孙子孙女，是吧？

其实，我问您这个是有原因的。您在某处曾经写到，假如一个卡巴拉学家将来成为一个民族或者很可能是全人类的领袖的话，他除了改变人类的教育方式外，其实并不能改变其他任何东西。您是以什么原则来教导您的孩子们的呢？

莱特曼博士：没有什么特别的原则。唯一正确的教导方法就是以身作则的示范。作为成年人所经历的困难或任何其他的事物都不应该对我们的孩子有所隐瞒，我们应该展示给他们看，这样他们就可以在他们这个层面上，弄明白为什么成人们会这样做，是什么在支配着他们，然后作出相应的判断和行为。

弗拉迪米尔·摩尔查诺夫：那我们应该向孩子们展示些什么呢？请解释一下。

莱特曼博士：首先，我的孩子们都知道他们的父亲人生中有一个目标，那就是研究卡巴拉，教导和指引他的学生并将卡巴拉智慧在全世界范围内广泛传播，因为这是我们全人类的最后的拯救。这看起来像一个很强烈的宣言，但我深信全人类的拯救都有赖于卡巴拉智慧，这随着全球危机和各种灾难的发生显得愈加紧迫。

弗拉迪米尔·摩尔查诺夫：不好意思，请问是他们长大后才开始了解这些的吗？

莱特曼博士：不。他们知道这就是我们的家庭存在的原因，他们知道这就是我生活和存在的全部意义。他们能感受到，能理解到这些。我二十四小时的工作、三十年以来每天凌晨三点就开始的课程，出版各种不同语言的著作，旅行、会议——所有的这一切，都是围绕着这个目标而进行的。

弗拉迪米尔·摩尔查诺夫：您一般什么时候睡觉？

莱特曼博士：我睡得很早，晚上九点或九点半时我就已经睡着了。

弗拉迪米尔·摩尔查诺夫：我们还是回到您孩子这个话题。在某些国家，例如日本，孩子们可以做所有的事。通常，在俄罗斯，我们会经常听到，"别碰！把它放回去！不要动！"在您的孩子小的时候，您不允许他们做些什么？

莱特曼博士：我甚至不知道那时我做得是对还是错。在那时，我没有时间去照顾和教育我的孩子。我1974年回到了以色列，在大约一两年的时间里，我找到了有关生命意义的答案，那就是在卡巴拉智慧当中。作为一个生物控制论学者，这是我一直都在努力寻找的。那个时候，我也一直在考虑把生物控制论和卡巴拉结合起来（毕竟，所有的进步都是来自于不同学科之间的融合）。我想在科学上有一个新的突破。直到我意识到生物控制论阻碍了我的研究。直到我开始二十四小时沉浸在卡巴拉中的时候，我是作为一名科学家对卡巴拉开始着迷的。而且我还有自

己的生意需要打理。我的父母都是保健专家，他们来到了以色列。我也开了一个私人诊所，并在几年内赚了很多钱，这些钱足够让我在我老师有生之年一直陪在他的身边。我一天只工作几个小时，而那时，我的老师已经八十岁高龄了，我需要从他那继承他所有的智慧衣钵。

因此，在我不经意间，孩子们的整个童年就这样过去了，我都没有注意到他们什么时候就已经长大了，什么时候开始长高。如果你现在问我，我的女儿在上几年级，我想我一定答不出来。

弗拉迪米尔·摩尔查诺夫：我知道，您的孩子是由您的妻子（您不允许进入课堂的许多妇女之一）一手抚养长大的。

莱特曼博士：她了解我，也一直支持着我。我妻子很了解我的老师，我老师也非常重视她。当他的妻子去世以后，我的妻子为他做饭，并且帮助我尽可能地来支持他的事业。她做着伟大的工作，总是默默地支持着我们。

当我们谈到对儿童的教导，我谈及的是涉及卡巴拉的部分，在任何领域，这些问题都可以受到启发。卡巴拉认为，一个人不可能教育另一个人——无论是社会中或是自己的孩子，除了通过以身作则的实例外别无他法。

弗拉迪米尔·摩尔查诺夫：但是很遗憾，这种事情在生活中不可能总是发生，教授，您讲的是非常有趣的精神层面上的问题，用的都是高深的术语，但是您看起来并不像一个超脱世俗的人。

莱特曼博士：卡巴拉不允许我成为这样的人。

弗拉迪米尔·摩尔查诺夫：我想问一下，您喜欢吃肉吗？您可以喝葡萄酒或伏特加酒吗？您喜欢音乐吗？您有可能去跳舞吗？

莱特曼博士：我喜欢每一件事情。

弗拉迪米尔·摩尔查诺夫：每一件事情？

莱特曼博士：是的。

弗拉迪米尔·摩尔查诺夫：您是一个跟我一样的人吗？

莱特曼博士：是的，请不要介意，或更甚。

弗拉迪米尔·摩尔查诺夫：如果不介意的话，我想问您最后一个问题。为什么有关卡巴拉的所有东西都有些神秘？为什么卡巴拉智慧是如此的封闭？您伟大的老师，卡巴拉学家巴拉苏拉姆七十年前不就说过，卡巴拉需要为更广泛的人们所熟悉吗？

莱特曼博士：但是谁想要这些知识呢？这些"更广泛的人"又在哪呢？请告诉我。

我到目前为止出版了大约三十本著作以几十种语言在世界各地发行（具体多少我也记不清了），它们被译成数十种语言；我们的网站对所有人开放；我们也举行讲座；我们在俄罗斯、美国、以色列，甚至在印度发放免费的报纸。但是，那些表示感兴趣的更广泛的人们在哪呢？

直到在19世纪末以前，卡巴拉一直是被隐藏着的。到了20世纪，尤其是到了21世纪，它才慢慢地揭开它神秘的面纱。在以前的时代，有很多的神话围绕着卡巴拉，但人们仍然想了解卡巴拉，并试图为了某种利己的目的杜撰一些这方面的知识。如今，卡巴拉已经对所有人开放了。它之前被认为是一个神秘的事物，是卡巴拉学家们故意隐藏其教义的结果。他们一直在等待着人类能够理智地认识到当今的危机，从而自觉去学习卡巴拉，而不是寄希望于护身符一类的东西的时刻的出现。这个阶段才刚刚开始。另一方面，卡巴拉之所以被认为是一种神秘主义教义，是因为它揭示了我们五官感觉不到的那一部分自然。人类在没有发展成熟到一定程度时，是不可能接受卡巴拉智慧的，而且，如果大家在利己主义的发展道路上都很幸福或者感觉到前景一片光明的话，也不太可能相信这种既看不见又摸不着的智慧的，更何况卡巴拉智慧就是针对和改正我们的利己主义本性的智慧。在我们没有由于各种由我们自己的利己主义本性给我们自身造成的苦难使我们对自己的本性开始绝望之前，我们一定是很难接受卡巴拉，甚至会天生抗拒卡巴拉的。这也是卡巴拉智慧被历代卡巴拉学家精心保护和发展着，并被故意隐藏起来的原因。而正是这造成了卡巴拉一直以来的神秘感。但是，在人类发展到了今天这个时代，按照我们所有人类文明发展道路选择的初衷，任其为文艺复兴，还是工业革命还是其他任何变革或主义、道路，我们都在选择的时候，相信我们人类在21世纪的今天应该已经解决了所有的问题，社会、经济应该已经是空前繁荣，人民生活应该是非常幸福了。但是，现在我们都开始意识到我们的发展一定在哪里出了问题。人类从来没有像今天这样，整个世界无论是世界领袖、科学家还是经济学家等等都突然丧失了前进的方向感，我们也第一次感到我们的未来可能不会比今天更好。危机和灾难正在越来越频繁地打击着我们。我们开始变得手足无措。甚至相信世界末日就要到来。而人类目前这种危机和灾难四起的状态，卡巴拉学家早在几千年前就已经清楚地知道，并一直在耐心地等待这个时代的到来。并为这个时代的到来而感到欢欣鼓舞。我们这个时代在卡巴拉智慧当中被叫做"最后一代"（last Generation），但卡巴拉不像其他的教义或学说把它当作是世界毁灭的末日，而是人类将要上升到另一个存在维度的起点。也是人类真正可以发挥自己的自由意志的年代到来的开始。从现在开始，全人类最终都要通过卡巴拉了解宇宙创造的奥秘和生命存在的意义。

弗拉迪米尔·摩尔查诺夫：真没想到宇宙还有这么多的奥秘等待我们去发掘、去探索，生命要真的像您讲的是有意义的，那该有多好啊！但我们怎样才能实现它呢？我怎样才能看见未来，看见创造的终极目标，进而相信未来，自觉自愿地配合自然去实现这个宏伟的目标呢？

莱特曼博士：这就是人类需要第六感去感知精神世界的原因。但我们需要借助卡巴拉智慧来开发它。我们每个人都拥有第六感的潜在状态，而卡巴拉可以帮助人们去开发它。突然之间，人们能够开始感知到这个宇宙是如何呼吸的，他开始感知到那些力量是如何穿透物质并影响我们的；而我们，反过来也能够与它们相互作用。一个人开始感觉到与整个宇宙的和谐。

物理学家和生物学家们也在谈论宇宙和谐的存在，甚至发现所谓暗物质的存在。但事实上，他们只不过是在通过他们的五官在感知测量事物而已。然而，卡巴拉却是通过一种"第六感"真实地去感知事物的。这样，一个人就能够感知到永恒的、和谐的、完整的自然，而他的精神也实际存在在那里。所以，我希望全人类都能够尽早地到达这种境界。

弗拉迪米尔·摩尔查诺夫：谢谢您，教授。今天您给我揭示了很多有趣的事情，其中许多都非常发人深思。我希望今天收听和观看我们这次谈话节目的人们，也都能够从中受到启发、有所感悟。

出路：如何在世界危机中变得强大
The Way Out:Bail Yourself out from Global Crisis

第三部

莱特曼博士有关危机和解决之道的演讲和对话

危机和解决之道

莱特曼博士于2006年在瑞士阿萝莎世界
智慧理事会年会上的发言

内容：

*危机

*利他主义是生命的法则

*冲突的出现

*持续的快乐只存在于利他主义的愿望中

*解决这场危机的长路与捷径

*社会中的利他主义者和利己主义者

*解决这场危机的计划

*创造一个新的文明

*人类的拯救团队

1
危机

  人类面临的全球危机是明显的。抑郁症、毒品滥用、家庭单位的解体、恐怖主义、不可持续的社会系统、核武器危险和生态灾难的威胁等，都是这场危机的表象。欧文·拉斯洛教授的新书《混沌之点》提供了一副有关这场全面的全球危机的非常清晰、内容丰富的画面。

  日益增长的使用核武器的危险使得人类的生存威胁感更加迫切。许多科学家相信人类已经没有多少时间可以用来防止这次危机升级为一场世界性核战争或一场全球性的生态灾难。

  即使危机的种种迹象都已经很明显，但作为惯例，这场危机的存在和严重性却被各国政府、社会团体、科学家、社会学家和心理学家故意隐瞒了起来。之所以故意隐藏，是因为隐藏它的人也不知道有什么办法可以改变目前的这个状况。因此，这种鸵鸟政策只会使这个问题加剧并加速那个即将到来的灾难。

  一个有关医生的谚语说：**对疾病的准确诊断就等于治愈了一半。对我们的病症的隐瞒和对它的严重性的低估都将直接构成对生命的威胁。**

  虽然整个人类文明面临的主要问题是克服这次全球性危机，但要解决它，首先需要解决的问题是向公众解释这场危机的严重状态。如果公众明白并接受这场危机的原因，就这件事本身而言，就会有利于危机的解决。今天，**很多人仍在科学、技术、文化和社会进步的方方面面寻找一种对这场危机的解决方案，他们忘记或者根本不知道正是我们对在那**

些方面取得的进展的依靠将我们引领到了目前的这种不幸的状态。

若要防止危机的进一步升级，我们需要：

1．承认危机的存在；
2．揭示原因；
3．认识到有另一种解决危机的方法和可能性的存在；
4．设计解决危机的计划；
5．执行这个计划。

遗憾的是，不只是人类社会处于一种危险的临界状态，整个自然界也同我们一起正在向一场大灾难靠近。因此，要明白这场危机的起源，我们必须分析自然本身的性质的基本原理。

2

利他主义是生命的法则

　　利他主义被定义为照顾一个人的同伴的福祉。对利他主义的研究显示它不只存在于大自然中，它实际上是每个有生命的机体能够存在的根本的基础。

　　一个生命体是一种从它的环境中接收其生存所需并且同时给予它的环境的一种机体。每一个生物体都是一种包括各种细胞和器官的组合体，它们以一种完美和谐的方式共同工作并相互补充。在这一过程中，他们有义务让步、影响和互相帮助对方。以"人人都为整体"这个利他主义为原则将细胞和器官团结为一体的法则在每一个生物体中都运行着。

　　相反，所有物质的本质都是由不同程度的一种想要被能量、活力和快乐所充满的愿望(欲望)组成的。这种愿望的强度创造出自然界中的各种层面的存在：从无生命层面到植物层面、动物层面、人类层面等。那个欲望的强度也决定了在这些层面中的每一个过程，并构成和形成了在我们面前的这个世界中的每一种现象。每个更高的层面都是一个更大的愿望(欲望)的一种外在表现，并包含着所有以前的各个级别的愿望(欲望)。

　　通过在"人人都为整体"这个利他主义的原则下实现自然的统一，我们开始认知到人类现象和人类在这个世界的地位的唯一性。与自然的其他层面相比，人类的独特性不仅在于人类的欲望的力量和特点，而更在于这样一种事实：人的欲望是在不断变化并且不断进化发展着的。因此，人类的欲望是文明向前发展背后的推动力量。

在整个自然中，自然的所有层面的存在，都只消耗它生存的必需品，只有人类是例外。人类渴望更多的食物、更多的性爱和更多的物质享乐，远远超出他们生存的基本需要。这种状态在只有人类拥有的那些欲望中，也就是在人类对财富、权力、荣誉、控制和知识的(无止境地)追求的那些欲望中表现得尤其明显。

为了生存所需想要得到的东西不属于利己主义的愿望的范畴，它只是自然的天性而已，因为它们来自于大自然的命令。这些欲望在非生命、植物、动物，以及在人类的身体层面都存在着。只有人类的那些超过自身存在需要的欲望才是属于利己主义范畴的。

除了人类的欲望呈指数级快速增长这一事实之外，人类也从贬低别人或看到别人受苦中获得快乐。这些欲望都不是自然赋予我们的特性，而是通过教育和社会环境的影响灌输给我们的。

我们的这些欲望的继续进化发展标志着我们的进化演变尚未完成。只有这些愿望才可被认为是利己的还是利他的，而这要根据使用它们的意图和目的是什么，才能判定它们可以视为是利他主义的还是利己主义的。在目前情况下，它们的演化发展导致了一场全面危机的到来。正如以上所述，除了人类的自我之外，大自然中的所有力量都是平衡的，并形成了一个单一的系统，而只有人类在扰乱着它们的和谐。

自然中的一切都是互相连接在一起的，并且渴望在其自身内以及与周围的环境之间取得平衡。违反了这种平衡就会导致一个有机体的解体、疾病和机体的最终死亡。维持和恢复平衡的可能性是一个生命存在的必要条件。

3

冲突的形成

在整个自然中，只有人类对他人和自然的其他层面的存在有着恶意的企图。没有其他的生物在危害、贬低、剥削利用另一种生物，也没有另外一种生物从压迫他人中获得快乐或将自己的快乐建立在别人的苦难之上。**人类以牺牲其他人达到自我提升为目的对其欲望的这种利己主义方式的使用，导致了与周围世界的一种危险的不平衡的产生。人类的利己主义是整个存在中唯一的破坏性力量。因此，世界将不能维持其存在，除非我们人类改变我们对待社会和自然的利己主义的方式。**

一个机体中一部分的利己主义细胞会导致整个机体的死亡。如果一个生物体中的一个细胞开始对其他细胞形成利己主义的关系它就成为了一种癌细胞。这样的一个细胞会开始消耗它周围的细胞，漠视其他细胞或整个有机体的需要，并因此最终消灭包括其本身在内的整个机体。这同样适用于人类对待其赖以生存的自然的利己主义使用方式：为了自己的发展，和自然的其他部分相分离，而不是作为自然的一个组成部分，利己主义将导致一切都走向死亡，包括其本身。

细胞之所以能够生存、发展和繁殖，只能是通过作为一个整体的交互作用才能实现。利他主义的交互作用功能在每一种存在中都在正常发挥着其功能，除了人类。但也只有人类被给予了某种自由意志，使得他可以充分认识到利他主义的需要，并开始自觉自愿地遵从自然的这个利他主义的普遍法则。

全球化与人类社会的进化演变，迫使我们将这个世界看作是由对立面组成的一个单一的统一整体。对周围世界的研究揭示了其所有部分之间的相互联系、他们的因果发展关系，以及他们的行动目的。这个世界的完美有赖于组成它的所有元素的团结；这只有通过自然中所有部分的共存，并且只有当每个部分都是为了维持整个系统的运转而行动时，才能实现。

正如前面提到的，除了人类，自然的所有部分都严格履行其事先被赋予的功能。因此，很明显人类的问题是要与自然平衡每人的过多的那些欲望，并成为它的一部分，作为一个单一的机体去行动。以不同的方式表达即是：**人类的使命就是将其利己主义本性转变成利他主义。**

4
持续的快乐只有在利他主义的愿望中获得

　　快乐只在一个愿望(欲望)和它的满足之间的那个接触点上被感觉到。在一种快乐满足了它的愿望的那同一个时刻,因为那个愿望接受到了它想要的东西,那个愿望也跟着消失了。接下来的结果是,快乐也会随着这个愿望的消失而消失。

　　因此,愿望(欲望)越大,一个人满足它时随后消失而产生的空虚也就越大。这个空虚和我们的欲望的不能被满足迫使我们不断寻找新的满足,并将我们整个的生命消耗在这种追逐永远无法满足的游戏当中,直到我们耗尽自己死亡为止。

　　这种利己主义产生的"进退两难"境地的解决方案存在于利他主义式的满足中。在利他主义的满足过程中,愿望满足的地方与愿望本身存在的地方位于不同的地方,因为对利他主义而言,我是从使别人获得快乐那里得到我自己的快乐。因为我的快乐存在于别人那里,它就不会与我的愿望(欲望)发生中和进而消失产生空虚的问题,因此,我越是满足其他人,我就越能从别人从我这获得的快乐当中享受到更多的快乐。这个方法正是我们大家都如此地想获得的永恒的快乐的原则。

5

对这场危机的拯救的长路和捷径

一个人可以通过两条路径最终达到我们的利己主义本性是所有邪恶的根源这样一种认知状态。其中一条是通过痛苦的路径,而另一条是通过改正的相对短得多的路径来实现。而且,那条痛苦的路径实际上不能称作一条路径。它只是沿着时间的长轴的一种推移,直到那些可怕的后果都由人类的愚蠢的固执和利己主义将其显现出来为止,而这正是我们目前所走的路径。

然而,一个人一旦累积了足够程度的痛苦,意识到改正自己的利己主义比停留在利己主义状态中承受痛苦要好得多的时候,他就会开始努力去改变(改正自己的利己主义)。因此,除了沿着那条充满了痛苦的长路之外,存在着另一条既短又轻松的路径:改正利己主义自我的路径。这条路径使得我们可以在遭遇那些苦难之前,就获得有关这个世界的结构、创造的蓝图、它的因果关系以及其存在的目的等相关知识。通过这些知识,我们加速了认知我们的利己主义本性是唯一的邪恶的认知过程,通过在痛苦的压力下认知到利己主义的邪恶,认知到是我们的利己主义本性带来了这一切灾难和危机,进而采取对其改正的行动,从而避免那些大灾难的发生。

虽然看起来我们可以随心所欲地做任何事情,但事实却是,我们只是在按照我们内在的基因的命令在进化发展着,并同时服从社会环境对我们施加的影响。这些影响和我们的内在基因确立了我们的所有价值观，例如环境告诉我们变得有权有势和富裕是多么地好等等。在我们短暂的生命中，我们努力工作只是为了博得社会的认同，赢得我们在维护它所塑造的价值观方面是如何的成功。但在最后我们离开人世的那一天，我们却发现我们根本不是为了我们自己在活着，而只是为了努力博得我们在我们的孩子、我们的亲人、我们的熟人和社会的眼中的那份荣耀而曾经活过而已。

今天的社会环境将塑造明天的你，因此，要想改正，我们必须改变社会的价值观，改变他们设定的那些标准和他们对成功的定义。因此，能否成功地解决这场危机取决于社会的价值观的改变，取决于正确的价值观的确立，而价值观正确与否，只能以其是在促进人类实现其在创造的链条上的使命，也就是生命存在的意义作为衡量标准。因此，如果我们想要避免痛苦和毁灭，想要轻松快速地到达一种新的文明，我们必须传播这种有关危机、它产生的原因和如何改正的知识。

6

社会中的利他主义者和利己主义者

根据科学家的研究（或说法），利他主义者约占人类的10%。利他主义者在社会中的百分比是恒定的。这个百分比是由基因决定的，是不受家庭、教育和社会等外部条件的影响而存在的。利他主义者不会消失，利他主义的基因隐藏在每一个人的内部，并且是不能被消灭的。

虽然在任何社会中利己主义者的比例都占到90%，但在任何社会形态中，文化、科学、艺术、宗教，道德、律法和教育都是完全基于这10%的利他主义的概念而建立起来的。之所以如此，是因为利他主义行为是对所有人都有利的。利他主义规则在教育中占主导地位：学校教导我们要成为利他主义者，告诉我们要诚实、勤奋、尊重他人，与其他人共享我们的所有，友好，并且爱我们的邻居。所有这一切发生的原因是因为利他主义是对社会有益的。

生命有机体的生命法则教导我们：一个生命有机体的存在取决于其所有部分的协同工作。出生时就是利他主义者的那些人自然地从事着利他主义的行动，但在利己主义者看来，这种行为是根本不可能的。尽管机体中的细胞天生都具有利己主义的性质，但是，对生命体的存在法则的意识，使得一个机体中的每个细胞都采取利他主义的共存方式。

同样地，在利己主义的人类社会中同样存在着对利他主义行为带来的好处的认知。在这个世界上没有人公开地反对利他主义行为。相反，所有组织和个人都宣传他们的利他主义行为，并且引以为豪。没有人会公开反对利他主义的理想在这个世界上的传播。因此，显然，使人类可以快速地并且容易地导入到一种新的文明的成功仅仅取决于团结那些利他主义的组织以及对这一信息的传播。

7

解决危机的计划

　　利他主义的力量的目标是在社会中形成利他主义的价值观。要想将我们的利己主义改正为利他主义，就必须改变我们的关注事项和价值观的等级结构。我们必须相信，给予社会是比从社会索取更为重要和有价值的观念。换而言之，每个人必须感觉到从给予社会的行为中比从社会中任何利己主义的索取行为当中能够获得更大的快乐。

　　公众意见是促进这一目标得以实现的唯一手段，因为每一个人一生中最重要的事情就是博得社会的认同和赞赏。**人类是以接受社会的赞同作为生命的目标的方式被创造出来的。这是一种如此固有地内在于我们的程序，以至于每个人都否认自己的每一次行为的目的是为了获得社会的赞赏。**我们采取的行动的动机这个问题在我们不经意间就捕捉住了我们。我们可能会声称我们的行为是出于好奇或甚至是为了金钱，但我们就是不愿承认那个真正的诱因——也就是为了获得社会的认同！

　　以上所述，人类是以一种人类所处的环境决定了他们的偏好和价值观的方式被创造的。我们是完全地并且是非自愿无意识地受到公众的意见的控制的。这就是为什么社会可以将任何行为方式与任何价值观赋予其成员，即使是那些最抽象的行为。现代的商品消费系统在社会上占据着统治地位就是一个很好的例子。因此，社会在有系统地创造着人为的价值观和消费时尚，从而进一步推动消费。

　　为了在人类社会中形成利他主义的价值观，人类社会中的那些利他主义的部分应该团结起来并影响大众传媒、各种教育机构和各种形态的社会团体。

社会公众应该获得以下方面的知识：

1．这个世界的本质及其整体性（完整性），它的目的以及程序；
2．危机的本质；
3．危机的原因——人类的利己主义的本性；
4．克服危机的唯一的可能性是改变人的本性。

全人类正处在一个的危险的紧急关头，这需要人类——出于对自我毁灭的恐惧——利用大众媒体和所有可能的手段去颂扬利他主义的终极价值。公众舆论连续地、有目的地形成一种公众意见，将为每一个人提供一种迫使他给予社会的环境。

对社会的职责的改良将需要对教育系统和教育规划的改变，并从很小的时候就开始。此外，它将需要在教育和文化的所有领域都做出根本的改变。所有媒体都将不得不根据人们对社会的整体利益的贡献来赞美和评估事件，以创造一个以弘扬爱和给予为主导价值观的社会教育环境。使用大众传媒、广告、教育等一切手段，这种新的公众舆论应公开地和坚决地谴责那些利己主义的行为并且颂扬作为终极价值观的利他主义行为。

通过社会有目的的影响，每一个人会渴望只是从社会那里接受生存所必需的而且都不遗余力地去造福整个社会，以便获得社会的赞赏。

在开始阶段，每个人都将在环境的胁迫和影响下去造福社会。但社会认同带来的支持将为之提供一种这样的满足感，以至于人们将开始评估将给予社会作为唯一的终极价值观，即使没有从环境中获得这种给予行为的报酬。这个过程将人类意识的水平提高到一个新的文明的水平。

由于世界的这种利他主义力量的行为将会导致这个世界与自然取得平衡，人类将会获得自然的全力支持，表现为危机和灾难的症状将全面减少。与自然的越来越相似会在生态和社会层面中产生一种积极的转变。

8 创造一个新的文明

人类从利己主义的文明到利他主义的文明的过渡将分两个阶段展开：

1. 在地球上所有利他主义的元素的团结统一；
2. 将整个人类包括进来。

9

拯救人类的团队

一个促进世界的利他主义(组织和个人)团结的中心应该被建立起来。

利他主义者占据了整个社会的10%的比例。而那些利他主义者中间的10%也就是全人类的1%具有更高的积极性,他们已经是准备好立即采取利他主义行动的一群人,而利他主义者中间的另外的90%不具备这种同样崇高的动机。因此,后面的这90%部分还未准备好独立地行动,但他们将被动地协助完成这个使命。

我们属于那些利他主义者中间的那活跃的10%,也就是全人类的1%。因此,设计一项行动计划,并开始积极地实施它是我们的责任。这个承诺需要我们避免空谈,拥抱并支持这项计划,并开始立即实施它。

人类的这1%的小小的团队正是那个可以发展和传播这个利己主义的自我的改正方法的团队。历史表明,进步的思想总是源于小的团体。自然,我们的中心应包括这1%。

人类的那利己主义的90%永远不能团结起来,而这正是由其利己主义的本性造成的。因此,尽管我们只是1%,但当我们团结起来时,我们将成为一股强大的力量。

此外,我们需要创建一个协调中心,在一个利他的世界议会的领导下去团结世界上的一切利他主义力量,而组成这个议会的成员的基础就是WWC(世界智慧理事会)的成员。这个中心将生产宣传材料,旨在团结这个世界上的那10%的利他主义元素。

传播这一"新的文明"的理念应从那些利他主义者中活跃的那10%的人开始(人类的1%)。因为利他主义者关心全人类的福祉,他们是被自然准备好的。为此,我们应该在全世界范围内参与到所有的利他主义社会团体中,并最终与他们在新文明概念的基础上团结起来。

　　如果在过去，战争还是有胜者的零和游戏的话，那么，在全球一体化的今天，由于全球化形成的相互联系，我们全人类不论种族和国家已完全变得相互依存，现在的战争不再会有胜利者，全人类要么共存，要么同亡！这就是摆在人类目前的新的现实。

和平的希望

莱特曼博士2006年1月在瑞士阿萝莎"世界智慧论坛"上的演讲稿

出路：如何在世界危机中变得强大
The Way Out:Bail Yourself out from Global Crisis

你在到处寻找邪恶的根源吗？它仅仅存在于你自身内部。

让·雅克·卢梭

这个世界将不可能这样存在下去，除非人类改变他们的态度，即从利己主义的接受转变为利他主义的给予。我们的利己主义本性确实是整个宇宙中仅有的破坏性的力量。除了我们人类的自我之外，这个世界的所有其他力量都是相互之间处于完美的平衡状态的自然的力量。在其中存在着以我们的理解、站在我们的立场评估看来是"积极的"或"消极的"的力量。然而，无论如何他们都是由那个单一的自然法则所激活和维系着的，它们在静止层面、植物层面和动物层面都处于一种完全的和谐状态。

在过去，我们以为这种和谐不存在，我们急于消灭自然中那些似乎对我们"有害"的部分。我们在干预大自然的过程中遭受的痛苦经历表明在自然中一切都是相互关联的，所有的一切都存在于或渴望达到一种自我平衡的状态，也就是各个层面的组成部分之间与物质的各个层面之间都要达到平衡。

自我平衡稳态代表任何生物体的内部与外部之间的平衡，虽然大多数情况下，它指的是那些有着自我调节功能的（生物的）机体。任何机体只有在其内部和外部的参数之间的相似性得到维持的状态下才有权利存在。如果违反了这个相似性，平衡就遭到破坏，当超越它的一些极限时，那个机体的毁灭就会开始。在自然的所有层面重新建立这种自我平衡稳态的可能性，是生命是否能够延续的保证。

但是，尽管一切都相互对立，自然界中的积极和消极的力量彼此之间都是处于平衡状态的，只有在进一步发展成为必需时，一些平衡的极限才会被打破，自然界中唯一的部分，那个超过平衡的极限并给自然的所有层面都带来危害的唯一生物就是我们人类。

我们的利己主义造成危害，在自然界中，没有任何其他生物是利己主义的。即使一个动物吃掉另一个动物，这些现象也是根据自然的法则而发生的。一种生物吞噬另一种生物是根据其自然的本能而不是出于有意的伤害。除了人之外，在自然界中，没有任何其他生物对它周围的一切试图损害、使用、剥削，或者当感觉比他周围的人处境优越时经验一种快乐的感觉，只有一个人可以在另一个人的不幸中感到快乐。

自然界中没有其他生物以这种方式对待它的邻居和环境。动物努力争取的是食物，而不是相互造成伤害。自然已经精确地为它们准备好了需要什么以及需要多少才能生存。所以，如果人类不破坏那个自然的平衡，自然的所有部分都会存在于和谐当中。从一旁观察就可发现，可能会出现一种生物正在消耗另一种生物的情况。但是，没有一个食肉动物的实际消耗会超过其生存的必要或累积不必要的食物。每个生物的行为都服从自然的命令——只有人类例外，人类要求整个世界都为他自己服务。

所谓利己主义，是指对除了不可或缺的生活所需之外人类的那些额外的需求。利己主义，是存在于一个人中超出他的物质的需要，超出他身体的基本需求的一种额外的欲望和力量。认识到它是这个世界上唯一存在着的有害的愿望和力量是有必要的，并且它是所有苦难和痛苦的真正根源，我们所有的痛苦都源于对这个超量的愿望的不正确使用，因为它的使用是利己主义的。这个超量的部分，这个超过生活必需的多余的部分，必须转变为给予。唯有如此，我们才会重新获得与自然的平衡。

自然界中，除人类之外，没有任何其他生物具有这样一种显著的机会可以展现其独立的行为，也没有任何其他生物可以自由地选择它们的行动的意图——或者以自我放纵为目的去索取，或者给予他人。没有任何其他的生物可以有能力要么利己主义地接受要么利他主义地给予。如果能够正确使用这个多余的愿望，一个人就可以上升到创造者的层面，成为自然中一个独立自主的部分。但当一个人以其他方式采取行动时，一个人达到的将是一种自我毁灭的状态。

1

社会中的利他主义

　　直到人类的利己主义这一追求快乐的愿望发展到其顶峰并且在当代不断显现为止,这个世界并没有感到其巨大的利己主义。那个利己主义的显现,也就是与自然的总体的利他主义法则的冲突,与那个法则的不一致性,在人类当中导致了各种痛苦、疾病与死亡。另外,由于自然的所有一起代表着一个单一的利己主义,因而,腐朽和死亡也体现在自然的所有层面上——静止层面、植物层面和动物层面。

　　我们与自然的对抗已经导致人类面临一场普遍的危机。这场危机不是来自上天的报复,也不是我们对生态的粗暴干预的结果。它是由于我们不遵守那个自然的利他主义法则而造成的,也就是每个人只能消耗维持其自身存在所必要的量而将盈余贡献给社会。如果人们已经改正了他们的利己主义意图,如同一个机体中的细胞那样,每个人都只为整个人类(机体)的福祉而行动,并且,对大自然和其环境也采用了相同的态度的话,我们将只会接收到来自自然的好的东西。这是因为如果是那样的话,我们将会与那个终极的根源层面取得平衡——也即和创造的思想取得平衡。

　　那么,人类怎样才能认识到这种变得与自然类似的必要性呢?利己主义者如何才能得出利己主义是唯一的邪恶这样一种认知呢?答案是,只能是出于绝望。在一个有生命的机体中,行为是被自然的力量改变的。然而,在人类的那个"身体中",改正却不会来自自然的力量,而是通过对这个邪恶的认知,也就是认识到利己主义是其所有苦难的根源的这样一种认知。

这种对邪恶的认知可以通过痛苦的漫长的路径或通过一个改正的捷径得以实现。但是，那条痛苦的路径其实不能算是一个路径，它只是在利己主义的发展框架中认知到那个邪恶所需要的时间的推移而已。然而，在这条路径中除了痛苦程度的积累之外没有别的任何东西留给人类。一个人最终会通过其自身的利己主义程序算计得出如下结论：**改正自己的利己主义要比继续遭受痛苦好的多，并因而努力去实现获得同自然的相似性**。

卡巴拉学家和生物学家的研究都推断出利他主义者只占人类的10%，而人类的其余部分都是利己主义的。因此，那占地球上的人口10%的利他主义者必须首先改正。他们还必须将有关那个危机的根源和拯救人类的道路的知识带给人类的其余部分。这就是一个人类这个生命体重新复活的顺序。

对于利他主义来说，利他主义的行动是与生俱来的。而对占人类绝大多数的利己主义来说，为了整个社会的福祉而做出的给予行为对他们来说是看起来无法忍受的。然而，那些掌控着生命有机体的重要功能的法则告诉我们：**如果一个机体认识到它的存在仅仅取决于它的所有的细胞之间的协同工作时，那么，它的那些单独看起来都是利己主义的细胞就会以利他主义的方式共存下去**。虽然每个个体细胞还是利己主义的，但是在一起，在同一机体内，它们的工作却是以利他主义的原则而工作——它们联合地、互惠互利地，而且只为整个机体的利益而工作。

因此，**通过强制和胁迫的方式迫使每个人都给予社会不是目标。取而代之的目标应该是帮助人们认识这样一个事实：我们每个人个体的存在和福祉，都完全取决于社会整体**。而且也只有社会可以影响每一个人，能够触发一个人的行为方式从接收转变为给予。

人类是完全依赖于其社会环境的，而且我们所做的一切也都是为了赢得社会或我们的家庭对我们的人格的赞赏和认同。因此，如果我们周围的每个人都清楚地赞美我们的利他主义行为并且谴责我们的利己主义的行为，我们就不会再坚持我们利己主义的行为，我们将被迫为了赢得我们周围人的社会认同而为整个社会的福利去利他地工作。

为了在社会中引发这种积极的转变，利他主义者们必须透过不同的政府和公共机构给大众传媒施加压力。为此,人类必须出于对自我毁灭的恐惧,在广播和电视上宣扬利他主义行为的独特性和价值观,在所有的电影、教育计划/节目、文化活动、各种庆典仪式和世界各地的公告中大力宣扬利他主义。

宣传解释的目标应该是向全社会灌输给予和回报社会是一个全人类和每个人的绝对的价值观。应该进一步弘扬除了给予的行为之外任何其他的行为都不会受到赞赏。一个人对整个社会的贡献越大,那个人就应该变得更著名和更令人尊敬,并将因此获得全社会的更崇高的奖励。

毫无疑问,这种公众舆论宣扬赞成利他主义行为的方式是一种人为的方式,是出于对毁灭的绝望,出于生存的本能。这是因为从社会、环境和家庭接受到认同,不管是否出于自愿,一个人都将受到社会舆论的影响,并且最终会自动接受利他主义作为其自身的终极的价值观。

2

历史上人类改正社会时犯的错误

　　历史上有很多理想主义者，包括共产主义者曾经试图为社会中被压迫的阶级建立一个更美好的生活，不是出于被毁灭的威胁，而是为了消除不平等和社会不公正。如今，这个动机已经不同，作为社会与自然之间的不平衡造成的结果，世界上每个人都面临着一个同等的毁灭的威胁。

　　此外，在以上建议的那个获得与自然的平衡的方式中，任何一方都不会因为为了私利损害他人利益而得到任何好处，因为人的本性是获得快乐和满足，而不会去管快乐和满足的源泉是什么。能够获得永恒的幸福将比所有其他任何转瞬即逝的物质利益更有吸引力。

　　这种利他主义的思想在发达和富裕国家比贫穷和落后的国家中能够更**快**地被接受。在不同的国家，抑郁症和毒品滥用的比例急速攀升的情形也证明了这一点。工人和经理有着不同的收入，但事实上，工人们真的想要平等并且同意付出做经理的职位所需的那种努力吗？我们看到这完全取决于一个人的愿望的强度，而且如果一个人真的想要达到在社会中的上层地位的话，他或她一定会做到。

3

为了全人类的福祉而工作的环境

　　给予并不一定意味着一个人真的给予社会某种物质实物。这种情形是这样的，我们必须既要考虑那些努力的数量和质量，同时又要考虑与生俱来的那些身体、心理和精神的素质。事实上，人们天生就是不同的——或懒惰、或聪明、或高效、或天才等等。对社会的给予表现在内在的意愿上，而外部表现可以呈现为各种各样的形式。

　　每个人在社会上的价值的大小不是由他或她个人的独特性决定的。无论一个人所获得的专业成就以及在任何其他领域的成功有多大，那些基于人的天生的优点所设立的奖项和获奖标准必须被撤销。例如，是否是一个很好的家庭男人、是否是一个成功的商人等等，我们只会根据一个人给全社会的福祉带来的贡献进行考量。

　　各种奖励、尊重、荣誉和一个人受到的明显的受欢迎的态度，都只应在这个基础上被授予。因此，这个人将成为一个言传身教的典范，结果是每个人都会想显示他们给予社会的行为。让每个人都羡慕这个，让每个人都为此竞争。因此，不是去评估一个人的邪恶的程度，而是去评估一个人对整个社会在总体上造成的危害的程度。

4

拯救人类的计划

研究人员长久以来已经发现在一个单一的统一的机体内发挥作用的原则是：每一个利己主义的细胞和器官的唯一目的就是迫使它们全部都去为了促进生存和发展的共同目标而采取利他主义的行动。显然，我们在这里正在讨论的是利己的利他主义，他们的目标是为了自己更好地生存，而根本不是无私的利他主义。它是为了在一个社会的框架内既可以个人获利，并同时带来整个社会的共同繁荣。

人可能会说这是一种新的利己主义的、有意识的和明智的生存形式。毫无疑问，这就是人类的救赎之所在。我们，那10%的利他主义者们，必须尽一切可能利用大众传媒并联合主要的科学家们一起宣传这个威胁和灾难性的未来远景。这种对灾难和痛苦的恐惧以及通过联合的、集体的、相互帮助的利他主义行动能够带来的美好未来的吸引，将会说服每个人：这种利己的利他主义对每个人自己而言都是最有好处的，实际上是最利己的，因为它重新与自然恢复了失去的平衡———一种自然的最好的状态。

关于通过大众传媒形成社会舆论，有必要为每个人提供一个日益进步的环境，那个环境将吸引、鼓励公众给予社会、贡献社会。一个人的社会环境应根据自己接受它的理想的能力逐步改变。

那个环境不应该反对或阻止一个人找到他或她在这个环境中的接触和互动。人们需要了解他们所生活的社会，他们需要在那个社会的大框架中清晰地看到他们个人的利益之所在，并认识到满足环境的要求为自己带来的好处。结果，那些给予的属性将逐步地、慢慢地，并通过社会的压力在每一个人中逐步形成。

改变社会的目标需要在教育系统和教育规划中做出改变，从婴儿期就应开始，需要在文化的方方面面做出改变——包括文学、电影、电视、报纸、网络媒体等。媒体将会一切都以对整个社会的整体利益作为评判标准以决定是否该赞扬——切都基于整个机体的福祉。

2005年11月在东京举行的世界智慧论坛中，提到了爱因斯坦的著名的论断：

问题不可能在其自身发生的层面被解决，对一个问题的解决总是需要提升到一个更高的水平才能实现。这个世界不会，也将不会理解它所面临的这些问题以及解决这些问题的那个方法。"

正如弗里德里克 海耶克所说：

"我们准备接受在我们的文明发展史上所经验的对这场危机的任何解释，但是我们却否认这场危机是我们自身的根本错误造成的结果。"

但是，看到这些深层原因并具有这种智慧洞见的那些人，10%的利他主义者，他们处在人类发展的最前沿，他们是专门为了将一个危险的未来、将它产生的原因和目的揭示给整个世界的人们，他们就是要将导致这场危机的根本原因，也就是我们人类与大自然的品质的等同性之间存在的差距，并且他们就是要将这个解决之道——将人类社会带回到是一个单一的统一的生命有机体的状态，告诉全世界并实施这个解决之道的人。

经典的卡巴拉智慧和迫切需要的全球意识

莱特曼博士于2006年，在德国杜塞尔多夫"智慧与科学的对话：新的全球意识"论坛上的演讲

亲爱的朋友们：

这场不断升级的全球危机呼唤着解决之道。世界上许多著名的科学家和来自世界各地的哲学家们都在研究和探索着这场危机，然而，我们目前还不能说我们了解了它的根源，更不用说采取解决它的行动方案了。

然而，今天，我们再也不能否认它的存在了，有关危机的性质以及消除它的手段的各种理论和建议层出不穷。在这篇演讲中，我将从我在过去的三十年间研究从事的卡巴拉科学的角度向大家介绍一下人类所处的现状到底是什么。

在远古时代，人类比现在更接近大自然，并且试图保持和它的亲密关系。这有两个原因：

第一，那个还不够发达的利己主义还没有将人类与自然分离，这使得人类还能感觉到自己是大自然的一部分。

第二，对大自然的不了解，使得人们对它产生了恐惧和敬畏，并迫使人们认为大自然高于人类自身。

正是由于以上这两个原因，人类不仅渴望积累对周围世界的现象的知识，而且想要知道那些控制着这个世界的力量。人们在那时无法像今天这样隐藏那些元素，在人为创造的世界中避免那些大自然的力量的影响。他们的感觉器官还没有像今天这样被现代的技术扭曲或堕落退化，还可以很深刻地感受到周围的世界。对自然的恐惧和敬畏并且同时渴望同自然亲近，促使人类去探索发现自然想要他们做什么、创造是否有一个目标、自然创造人的目的是什么。人类渴望尽可能深刻地了解这一切。

古代的科学家共享对自然的认识。卡巴拉学家也与科学家分享他们的知识。卡巴拉研究那个控制我们这个世界的更高的系统。它的主要任务是研究创造的目标并对那些创造的原因层面做细致的研究分析。

当然，我指的并非是那些今天以"卡巴拉"为标签出售、借助它的受欢迎程度大发横财的所谓的"卡巴拉"。真正的卡巴拉是宇宙中一种最严肃和严谨的科学，它研究整个宇宙的结构，并且给很多其他科学提供基础知识。卡巴拉学家与古代哲学家的联系导致了古代哲学的产生，而后者成为了科学的前身。为了向我们这次研讨会的组织者表示敬意，我特意选择了一些德国科学家和学者们关于这一主题的阐述。

约翰·罗榭林在他的《卡巴拉的艺术》《De Arte Cabbalistica》一书中写道："我的老师，哲学之父，毕达哥拉斯，从卡巴拉学家那里得到他的教义，他是第一个将单词卡巴拉Kabbalah翻译成希腊单词哲学Philosophy的人……卡巴拉不是想叫我们生活在尘世当中，而是要将我们的心灵提升到知识的高度。"

许多世纪以来，卡巴拉一直是一个被隐藏着的教义，一个秘密的智慧，这引发了许多对卡巴拉的传说和歪理邪说的产生，这些都阻碍了当代人们试图找出那些真正的来源的努力。

伟大的数学家和哲学家莱布尼兹在他的《Hauptschriften zur Grundlegung der Philosophie》一书中特别写道："因为人们在当时还没有打开那个秘密的正确的钥匙，对知识的渴求最终降低为各种琐事和封建迷信并从而产生了一种'庸俗的卡巴拉'，它同真正的卡巴拉之间没有任何相同之处，并同时以魔法等虚假名称产生了各种想像出来的东西，而这些正是充斥着那些所谓的'卡巴拉'书籍里的东西。"

哲学吸收了一部分卡巴拉的思想，但却开始在不同的方向上发展起来。从哲学衍生出了在我们五种感官能感知的现象框架内研究我们这个物质世界及其运行规律的那些现代科学。

同时，这个古老的教义，卡巴拉，仍然处于研究人员的兴趣范围之外。而将那些任何科学不能解释、不能理解掌握的，无论什么，都归属于宗教、礼仪和习俗的范畴。这导致那个古老的教义被逐渐遗忘。

科学和宗教是人类探索这个世界，了解人类在其中的位置、可能性以及定义其存在的目的和存在的意义的两个并行的路径。然而，这两条路径都将人类领入了歧途，都从达成(最高的理解)那个更高的控制的力量之处偏离了，都从取得与那个更高力量的等同性的路径上偏离了。人类探究自然不是为了学习自然要他做什么,他在自然中的角色,并且由此改变他自己,而是为了自身的利己主义的利益想要改变和征服自然,就这样走在了一个完全相反的道路上。

从科学到个人所处的困境,在人类活动的所有领域出现的危机,迫使我们不得不重新向自己提出这一永恒的问题:我们生命的目的和意义到底是什么?我们越来越确切地知道,我们对以下问题还什么都不知道:自然是什么?我们存在的原因是什么?那个掌控着一切的力量以及我们存在的目的又是什么?

所有的麻烦使得我们不得不接受那个伟大的智慧的存在,自然中存在着一个更高的计划。由于科学不能回答我们这个问题,这就迫使我们寻找一种使我们能够研究自然的方法,这将我们导引到宗教、信仰和神秘主义中去寻找真理。这个外在的危机已经把我们带到一个内在的危机当中,并且我们发现我们自己在这个世界上已变得越来越困惑不解。

对这些教义的势不可挡的兴趣,想通过使用各种各样的"超自然的"方法,而不是通过科学研究的方法解释我们的生活中遇到的问题的兴趣在过去的30年中一浪高过一浪,但现在,它们都在我们的眼前一个接着一个萎缩凋亡。出于人类的无知和各种误解,人类还不得不尝试、扬弃,并且最终忘记那几个剩余的信仰体系。

今天的危机状态正是人类试图通过神秘主义重新发现这个真正的古老智慧的时刻。在最近这些年才被启示出来的卡巴拉科学,必须在这一进程中发挥关键的作用。

卡巴拉出现在大约5000多年前,如同所有其他古老的教义一样,起源于人类文明的摇篮——美索不达米亚地区。这是人类在当时发现他们自己,在忘记他们之前直到我们现在这个时代的地方。现在他们又被重新发现。那个古老的美索不达米亚曾经是、现在又变成了现代文明冲突的中心并不是一种巧合。

人类的利己主义的演变决定、定义并真正设计了人类的整个历史。这个不断发展进化的利己主义促使人类研究围绕自身的环境,以便满足实现那些不断加强的利己主义的欲望。与我们这个世界上的静止层面、植物层面、动物层面形成鲜明对照的是,人类在这个世界简短的存在过程中，人类的每一代以及每一个个体都在不停地进化发展着。

人类的利己主义通过五个级别的强化进化演变着。在古代，人类的利己主义还没有强大到足以将自己置于与自然相对立的位置。人类能感觉到自然和围绕着他的一切，而且，互惠互利的感觉是他与自然的沟通交流的方式。在许多方面这甚至是自然而然的，就像在远程感应中一样，处在一定的精神层面上。这种沟通的模式至今仍然可以在一些原始的土著人中间找到。

第一个层面上的利己主义的增长在人类之中引发了一场革命。它产生了为了自己的利益想要改变自然的愿望，而不是改变自己使自己变得与自然越来越接近。这种愿望在《圣经》中被隐喻地描述为兴建一座通天塔的愿望——也就是想要驾驭自然凌驾于自然之上。

这个不断增强的利己主义将人类从自然中剥离出来。人类不但没有去纠正那个增强了的与自然的对立性，竟然想象他们能够利己主义地达到创造者的高度，不是通过改正自己的利己主义，而是想通过主宰一切。

因此，人类将他的"自我"放在了与环境相对立、与社会和自然相对立的位置。不是将其他人感知为亲人和亲近的人，并将自然看作是自己的家园，人类不再能够理解自然和其他一切。仇恨取代了关爱，人们彼此之间变得越来越疏远，并且那个古老世界的单一民族被分裂成了两个团体，其中一个飘向东方而另一个流向了西方。随后的结果是，每一个团体又进一步分裂成许多的国家和民族，今天，我们正在目睹那个曾经分裂的统一的人类重新连接在一起再一次成为一个单一的民族的过程的开始。

这在《圣经·创世记》中被寓言式地描述为以下方式(《创世记》，11：1-8)：

"那时，全地的人只有一种语言，都说着同样的话语。他们往东边迁移的时候，在示拿地遇见一片平原，就住在那里。他们彼此商量说："来吧，我们要作砖，把砖烧透了。"他们就拿砖当石头，又拿石漆当灰泥。他们说："来吧，我们要建造一座城和一座塔，塔顶通天，为要传扬我们的名，免得我们分散在全地上。"耶和华降临，要看看世人所建造的城和塔。耶和华说："看哪，他们成为一样的人民，都是一样的言语，如今既作起这事来，以后他们所要作的事就没有不成就的了。我们下去，在那里变乱他们的口音，使他们的言语彼此不通。"于是，耶和华使他们从那里分散在全地上，他们就停工不造那城了。因为耶和华在那里变乱天下人的言语，使众人分散在全地上，所以那城名叫巴别（就是"变乱"的意思）。"

约瑟夫·弗拉维斯写道：尼姆罗德敦促人们违抗创造者。他建议他们建造一座超越洪水可能上升达到的高度的塔。如果创造者要再次引发洪水的话，并且因此，为他们死去的祖先们向创造者复仇。他们开始充满热情，不遗余力地兴建一座塔。看到人们还没有从洪水中吸取教训，还不纠正自己，创造者就打乱他们的语言使得他们说很多种不同的语言。使得他们不再能够相互理解对方并从此分散开来。那座塔建成的地方现在被称为巴比伦，因为那是一个语言开始变得混杂的地方，而不是像从前是单一语言。

在20世纪初，一个叫做罗伯特·科德韦的德国考古学家在巴比伦发现了那座塔的废墟，它的尺寸为90x90x90米的大小。此外，希罗多塔斯（约公元前484~前425）也曾经描述过一个同样大小的7层金字塔。

历史资料列举了在巴比伦的中心，有一座叫做埃斯基拉Esagila的庙城，而且巴别塔就在最高的玛杜卡神殿的附近，它被称为埃特门那卡Etemenanki，意思是天地的基石。

在那些日子里，埃斯基拉是这个世界上和一神论宗教斗争的宗教中心。占星术、黄道十二宫和星盘占卜，数字神秘主义、招魂术、魔术、巫术、法术、恶眼、邪灵通话，等等——所有这一切都在埃斯基拉发展起来。这些信仰至今仍然存在，特别是在今天，我们正目睹它们最后的爆发。

从那之后，并且在过去的五千年间，人类一直在与自然对抗，也就是和那个绝对的利他主义的属性相违背。我们不是在将我们不断增长的利己主义纠正为利他主义，不是变得与自然相似，人类为保护自己已建造起一个人工的防护板以抵挡自然。为了向那个保护提供帮助，在过去的五千年中，人类一直在发展着科学和技术，实际上，这才是真正在建造的现代的巴别塔。因此，我们不但没有去改正我们自己，反而，我们希望控制自然。

从那之后，人类中的利己主义不断得到发展增长，今天，它已达到人类利己主义的最高峰，人类想通过科学或技术发展来满足自己的利己主义的幻想已经开始破灭。今天我们正在开始意识到自巴别塔的危机以来，我们所做的一切努力都不过是徒劳。

特别是今天，当我们承认这场危机以及我们的发展遇到死胡同的时候，可以说利己主义与创造者(指自然的利他主义品质)的对抗，才是巴别塔的毁灭真正发生的原因。在以前，巴别塔是被那个更高的力量破坏的，但是今天，它是在我们自己的意识中被毁灭的，就像是被我们自己毁灭的一样。人类已准备好承认它选择的这条利己主义发展路径，不是一条通过将利己主义改正为利他主义的道路，而是一条想通过科学技术的发展来补偿利己主义和自然的对立性的道路，而这已走进了一条没有出路的死胡同。

这个始于巴比伦、在地理上和文化上分裂成两个团体的过程，在今天已经达到了它的发展的最高峰。在过去的五千年中，每个团体都逐渐演变成了一种多种族的文明。其中一个团体就是我们所说的西方文明，而另一个团体则演变为包括印度、中国和伊斯兰世界在内的东方文明。

我们今天正在目睹的这场威胁到全人类的可持续性发展的巨大的文明冲突并不是一种巧合。这是这场全球危机中的关键因素之一。此外，这场冲突反映的是自巴别塔的毁灭开始以来的那个过程的最高点。在巴比伦，一个单一的民族的分裂是因为其利己主义将它的成员分隔开的结果，现在，是时候将那些曾经是一个单一国家和民族的人类重新团聚成为一个统一的单一民族的时候了。今天，我们正处在巴别塔的时代曾经发生的那个分离点的时刻，只是我们现在意识到了我们所处的这种状况。

根据卡巴拉智慧，这场冲突、这场全球危机以及神秘主义和迷信的重新浮现，标志着全人类重新连接成一个新的而且统一的文明的开始，而这类似于巴别塔之前的状态。而这就是全球化的含义之所在。

在古巴比伦的那个困惑的时期，卡巴拉是作为一个了解人的利己主义的分阶段不断增长的原因的知识而被发现的。卡巴拉指出所有的存在的本性是为了自我满足的利己主义的愿望(欲望)。

但是，这个利己主义的欲望却不能以其自然的形式被满足，因为对一个愿望的实现最终消灭了它自己，这样一来，也将不再感到那个快乐。同样地，食品可减少饥饿的感觉，但随着饥饿感的减少，从吃中得到的那个快乐本身也逐渐消失。

但是，如果我们没有快乐享受的话，我们将无法存在，因此，我们被迫使着不断去发展新的欲望，以使我们可以满足它们。否则，我们将不会感到快乐。这种永无止境的对快乐的追求构成了我们整个的人生，虽然那个快乐本身是不可能实现的。最终，那个幻想的破灭和随之产生的空虚将导致抑郁和毒品滥用等的产生。

如果满足同时消灭了欲望和满足感，那么，是否有可能体验到持续的满足呢？

古代的智慧寓言式讲述了全人类是作为一个单一的有机体被创造的。也就是说，最初，所有人都是作为一个人（亚当）连接在一起的。而这正是大自然如何看待我们的——我们全人类就是一个单一的存在。

这个集体的人的原型就被称为"亚当"，它是从单词Dome(类似)而来。在古巴比伦的亚拉姆语中，它的意思是"类似于创造者"。最初，我们整个人类被创造成就像一个人其内部是连接在一起的一样，虽然我们的身体由各种器官和细胞个体所组成。但是，随着我们个人的利己主义的增长，我们逐渐丧失了那种统一的感觉，并变得越来越互相疏远。最后，我们达到了一个相互仇恨的阶段。

根据卡巴拉智慧，自然的计划是为了让我们的个人利己主义不断增长，直到我们认清我们自己的利己主义的邪恶的真面目。今天，全球化一方面已清晰地表明，我们全部是连接在一起的，而另一方面又告诉我们，正是我们极端膨胀的利己主义使得我们彼此疏远。

我们必须首先被创造为一个单一的创造物，然后被分裂成利己主义的、互相疏远的以及相互分离的个体的原因是，这是可以让我们看清我们自己和创造者的完全对立性，并承认我们所拥有的属性是绝对的利己主义的唯一路径。在这个状态下，我们将会承认利己主义的微不足道、有限的性能并对它感到绝望，并且开始仇恨使得我们相互分离并与自然割裂的这种利己主义的本性，并由此发展出一个想要去团结统一的愿望，想要去将我们的本性转变成与它相反的利他主义的品质。因此，我们这样就会独立地找到一条将我们自己转变为利他主义者的道路，并且重新将全人类连接为一个单一的、统一的整体。

正如那些本身是利己主义的细胞连接起来形成一个单一的机体，并为了整个机体的生存，它们消灭了个体的利己主义，从而，感受到了整个机体的生命一样，我们也必须在我们之间实现这样的一种连接。然后，根据我们在这种团结上的成功，我们将会感觉到那个永恒的存在，而不是感觉我们目前的这种有限的肉体的存在。

"爱邻如己"这一古老的原则呼吁我们这样去做。这一原则在巴别塔建造之前一直起着作用，在巴别塔毁灭之后，人类分裂成了不同的国家和民族，在那之后这条古老的原则被融进了那些从古老的巴比伦智慧中衍生出来的所有的宗教中并成为了那些宗教的基本原理。通过遵从这个法则，每个人不再是一个孤立的和空虚的利己主义者，而是可以感觉到那个和创造者相似的整个有机体的生命——亚当。换言之，在那个状态中，我们会感觉到永恒、自然的完美的存在。

特别是现在，利他主义已成为人类生存的必要条件。 这是因为现在已经清晰的是我们全部都是完全相互依存的。这一明确的事实引出了一个有关利他主义的新的定义：**真正的利他主义是指任何一种这样的意图或行为，它们不是出于一个想要提供某种帮助的愿望，而是出于想要将整个人类连接为一个单一机体的必要性的意图或行动。**根据卡巴拉的智慧，那些目的不是将全人类团结成一个单一的机体的所有的利他主义行动都将最终被证明是无目的，无意义的行动。此外，在将来，我们将不需要采取任何行动或在人类社会中实施任何改正，我们所需的仅仅是作为一个机体团结起来，而这将变得越来越明显。

将一个人对待同伴的态度从利己主义向利他主义的转变会将一个人提升到可以感知到另外一个更高的世界的状态。我们使用我们的感觉器官感知这个世界，并且接受那些显示给我们的感官的东西作为我们的生命在存在着的感觉。目前的这个利己主义的感知使我们只能感觉我们从环境中得到的我们自己的印象。改正我们的本性,使我们感觉到的将不再是那些发生在我们内部的,而是发生在我们外部的,也就是那个完整的自然。

因此,通过感知那些外在于我们自己的,而不是那些内在于我们自己的,我们切换到开始感知周围的全部世界,而不只是它的一个个破碎的片段。最终,我们发现围绕着我们周围的整个世界都是自然(创造者)的一个单一的利他主义的力量。

当我们和它团结在一起,我们将会感到我们的存在是一种自然存在的方式——永恒和完美。我们和那个感觉产生共鸣,它支配着我们,在那个状态下,甚至当我们的身体死亡时,我们会感到我们自己仍然继续存在于那个永恒的自然中。在这样一种状态下,身体的生和死已经不会影响我们的存在的感觉,因为那个内在的利己主义的感知已被一种新的外在的、利他主义的感知所替代。

写在大约两千多年前的《光辉之书》《The Book of Zohar》中描写道,人类在20世纪末,将达到其利己主义的最高峰,同时,也是其最大的空虚点。这本书还写道,到那时,人类将需要这个生存的方法,这个满足的方法。然后,《光辉之书》写道,向全世界披露卡巴拉的那个时间将会到来,并作为人类实现与自然相似性的方法。

改正一个人和全人类,达成与那个利他主义的自然的相似,不会一次发生并且不会在每个人中间都同时发生。更确切地说,改正的可能性取决于每个人以及全人类对全球危机的认同。

只有当一个人意识到他或她的利己主义的本性是造成所有危机和灾难的万恶之源时,真正的改正才会开始。

随后,一个人将探求改变这个利己主义本性的手段。这种探求最终会产生这样的结论:只有社会的影响可以帮助一个人完成这一使命。这意味着只有当社会改变其价值体系并弘扬利他主义的价值观时,才能推动人的本性的改正。对于利他主义的价值观,我指的不是互相帮助,而是指将全人类连接成一个品质上(爱和给予)类似创造者的统一的机体,并将它作为这个世界唯一的价值观。

社会必须将人类的意识水平提高到了解我们的集体的共同责任那

个层面上来。这是因为创造者将我们全人类共同作为一个单一的统一的创造物看待——也就是亚当。人类已经尝试了用各种利己主义的方式去实现他的各种目标，而所有这些利己主义发展道路在现在都遭遇了死胡同，并引发了全面的危机，虽然很多人还感觉不到危机的来临。但是，今天，人类已发现它必须集体地、采用利他主义的方式来解决它面临的问题。利己主义的逐渐暴露会迫使我们实施我们人类在古巴比伦没有成功实施的那个古老的卡巴拉的方法。

出现在这个世界中的所有的苦难的根源是人类与自然的对立。自然的所有其他部分都本能地并且明确地遵循自然的诫命。只有人的行为将他自己置于和那些存在于静止层面、植物层面和动物层面的利他主义力量相对立的位置上。

因为人类就是自然的创造的最高点，自然的所有其他部分(静止、植物和动物层面)都取决于他。通过人类的改正，自然的所有其他部分，整个宇宙都将提高到其初始的完美的状态，与创造者处于完全团结统一的状态。

根据创造者的计划，整个宇宙必须达到这种状态，并且留给我们改正的时间是有限的。《光辉之书》表明这个改正工作必须从21世纪初开始实施。从这一时间开始，人类将被不断加剧的痛苦催促着去改正。

对创造目的的认知和改正的方法的知识将使我们能够自觉地有意识地通过完成我们被赋予的使命去接近创造的目标，会使我们赶在痛苦从后面追赶上我们之前更快地接近目标。这样的话，我们得到的不再是痛苦，甚至当我们还在改正的路径上，我们就会感到满足和幸福。

一切都取决于我们向社会解释危机的原因和解决它的方法所做的那些努力。我们必须解释，这场危机是我们达到那个最美丽的、永恒的、完美的状态过程中必须要经历的一个阶段。对这一目的的解释不是一个简单的任务，但是这场不断升级的危机使得我们所有人都不得不认知到这个过程是必要的，而且是有目的的一个过程。让我们的这个时代显得特别的是随着危机的不断升级，一个为变化的机遇的窗口正在向我们打开。我们有能力而且确实有责任去解释这场危机实际上是实现和创造一个新的改正(从而正确的)的文明状态的最佳时机。

附录1
有关卡巴拉的基础知识

卡巴拉是什么？

虽然其起源可以追溯至遥远的古代巴比伦时期，卡巴拉智慧在大约4000年前出现之后，至今却几乎一直向人类隐藏着。

正是这种隐藏使得卡巴拉一直笼罩在神秘之中，持续散发着迷人的魅力。历史上，很多国家的著名科学家、哲学家，如牛顿、莱布尼兹、米兰德拉等，都试图探索并理解卡巴拉科学的奥秘。不过，直至今天，却仍然只有很少的几个人真正了解卡巴拉到底是什么。

卡巴拉科学描述的不是有关我们这个世界的事情，正因为如此，其本质使人们很难琢磨。想理解那种无形的，那种感知不到的，或者那些没有亲身经验的事物是不可能的。几千年来，有关卡巴拉的基础知识人类打着"卡巴拉"名义发明了各种各样的事物：魔法、咒语、甚至奇迹等等，但所有这些都不是真正的卡巴拉科学本身。四千多年来，对卡巴拉科学的通常了解都一直被误解或曲解笼罩着。因此，最重要的是，首先需要给卡巴拉科学以明确的定义。卡巴拉学家，耶胡达·阿斯拉格在其《卡巴拉智慧的本质》一文中是这样定义卡巴拉的：

这种智慧不多不少是一种根源的顺序，它以一种固定的，预先确定好的规则，通过因果关系降落下来，编织成一个单一的、崇高的被描述为，在这个世界中，向他的创造物揭示他的神圣的目标。

这种科学的定义可能过于复杂和繁琐。让我们来看一看这里说的到底是什么。

存在着更高的世界或创造者，而且这些控制的力量从更高的力量降落到我们的这个世界。我们不知道有多少种力量存在着，而这实际上并不重要。我们在我们这个世界里存在着。我们由某种被我们叫做"创造者"的更高的力量创造出来。我们都熟悉我们这个世界中的诸如万有引力、电磁力和思想力等力量。然而，存在着某些来自一个更高次序的力量操控着我们这个世界，同时又是向我们隐藏着的。

我们将这种无所不包的终极力量，称作"创造者"。创造者是这个世界的所有力量的总和，而且处于这些操控的力量序列的最高层面。

这个力量衍生出那些更高的世界。总共有五个更高的世界。紧接着它们的是，那个所谓的Machsom——一个将那些更高的世界和我们的这个世界分隔开来的壁垒。从那个更高的力量——就是创造者，也被称为"无限的世界"，各种力量经过那五个更高的世界降落下来，产生了我们的这个世界以及我们人类。

和传统科学不同的是，卡巴拉科学并不研究我们的这个世界和存在其中的人类。卡巴拉探索的是超越那个Machsom壁垒以外的更高世界里存在的一切。

卡巴拉学家耶胡达·阿斯拉格说："这种智慧不多不少是一种根源的顺序，它以一种固定的，预先确定的规则，通过因果关系降落下来，编织成一个单一的、崇高的被描述为在这个世界上向他的创造物揭示对他的神圣的目标。"除了从更高世界依照精确的法则降落下来的那些力量之外，没有其他任何东西。此外，这些法则正如阿斯拉格所描述的，是固定的、绝对的、无所不在的。最终，它们都被导引着以便人们可以在还活在我们这个世界的同时，就可以揭示那个操控着自然的终极力量。

卡巴拉教我们什么，
而且学习卡巴拉对我有何帮助？

  卡巴拉科学以一种独一无二的方式描述我和你，研究我们全人类。它不研究任何抽象的事物，仅仅研究我们被创造的方式以及我们是如何在存在的更高层面上运作的。

  它其中的一部分谈论那些更高的力量从无限的世界的降落。那个无限的世界是我们最初的状态，在那里我们是作为一个单一的、统一的完整的灵魂体系，完全互相联系地存在着。然后，从那个无限的世界，我们研究那些更高世界，在它们降落到我们所存在的这个世界时的顺序、Sefirot和Partzufim等。

  很多卡巴拉的著作都已对此完整地描述过，从四千年前的犹太人祖先亚伯拉罕开始，就写了一本名叫 *Sefer Yetzira*（《创造之书》）的著作。接下来的重要的作品是写于至今3500年前的Torah（《圣经》前五卷，又称摩西五经），以及创作于公元2世纪的 *Book of Zohar*（《光辉之书》）。《光辉之书》之后的最重要著作是16世纪著名的Ari的《生命之树》等著作。再就是到了20世纪出现的伟大的卡巴拉学家，耶胡达·阿斯拉格（Yehuda Ashlag）的著作，他被人尊称为巴拉苏拉姆（Baal Sulam），意思是阶梯的主人，以其撰写了《光辉之书》的阶梯（Sulam）注释而闻名于世。

  阿斯拉格的著作最适合我们这一代人。他和其他卡巴拉学家的著作一样，都描述了那些更高的精神世界的结构，它们是如何按顺序降落下来并如何创造出低一级的世界，以及最终，我们的这个世界是如何被创造出来，我们的宇宙、我们的地球及生命是如何演变而来的。对那个系统是如何创造出来的以及它又是如何降落到我们这个世界的研究，使得我们可以掌握进入这个系统的方法，进而得到管理它的机会。

我们主要要研究学习的部分，是阿斯拉格所著的六卷《对十个Sefirot的研究》。它被设计成一种辅导学习的式样，即包含问、答，各种重复温习的题材，解释，又配合以各种图解和图画等。你如果愿意的话，可以将这看作有关那个更高世界的物理学，是一种描述那些掌控着这个宇宙的法则和力量的科但学。

研读这些材料会逐渐改变学习者，因为当探索如何进入并生活在那个精神世界内部时，一个人逐步地使自己适应这些材料。卡巴拉科学却与这个世界的日常生活无关。恰恰相反，借助学习这个系统，我们能重新到达我们降落到那个世界之前的层面，这个层面等同于我们将由这个世界上升并最后所要达到的终点。在这个攀升过程中，对卡巴拉的学习将在学习者内部构造出一种与那个更高的精神世界相等同的系统。

这个系统本身将会在那个想要达成它，并以此为学习目的的人的内部开始组织并显化出来。就像一个受精卵具有变成一个完整的生命、并随后成长为一个成熟的成年人的潜力一样，卡巴拉科学能发展我们想要达到一个更高的存在层面的愿望。

在最初的时候，这仅仅是一个微小的愿望，被称作"心里之点"。这个心里之点就像我们未来状态的胚胎。通过研究更高的精神世界的结构，我们开发那个已存在于其内在的"基因"信息，随着这个心里之点的长大，和那个更高世界相等同的结构将在我们内部逐渐形成。

这就是为什么研究卡巴拉是如此地具有回报的原因。即使我们根本不了解我们正在读到的任何一件事，哪怕只是单纯的努力和尝试去了解卡巴拉的内容都会滋养那个心里之点，也就是那个对更高的创造者的渴望，这样一来，这个心里之点就会开始长大。而且它越成长，我们就越能意识到一种新的创造、一种对一个世界的新的和不同的感觉将会出现在我们的内心当中。

这样做的话，卡巴拉科学给予我们去感知那些更高的精神世界、去了解在我们身上发生的所有事情的机会；而且更重要的是，给予了我们自己去掌控这一过程的机会。

我为什么会探寻某种精神的东西？

我为什么会渴望某种超越日常生活能够提供给我们的更多的或不同的东西呢？卡巴拉将这个问题用以下这种方式加以表达：对那个更高力量的渴望是如何浮现出来的呢？

发展进化了很长时间，刚开始时人类就如同动物一样，其愿望满足生存的需要如食物、家庭、性以及庇护所等，然后发展经历了对财富、权力、名誉和知识的追求等各个阶段。

在人类发展的早期阶段，对食物、家庭、性以及庇护所的愿望是一个人具有的所有愿望。即使一个完全被隔离起来的人，也会具有这些愿望并努力去满足这些愿望。那些由社会环境决定的愿望(也就是对财富、权力和名誉的愿望)则在下一个阶段浮现出来。

在后来，对知识的愿望才开始出现。当我们开始渴望寻找万物的来源与我们自己的根源时，科学才蓬勃发展起来。然而，这种对知识的愿望也仍然只是我们局限在这个世界的框架内的一种愿望。

只有发展到下一阶段时，一个人才会渴望去了解那个真正的根源、一个人的本质——也就是生命存在的意义。"我从哪里来？""我是谁？"，"我是什么？"这些问题得不到回答的话，就会使一个人坐卧不宁。

人类天生就是利己的。我们所有的愿望都是以自我为动机的，而且自我渴望被满足。它们压迫并驱动着我们，精确地控制着我们的一举一动。在我们这个世界上，利己主义的愿望发展的顶点就是渴望用高于我们的某种东西的知识来满足我们的愿望。痛苦的根源就是愿望得不到满足。从一种类型的愿望到另一种类型的愿望的过渡，都只有在痛苦的影响下才会发生。假如我处在一种平衡的状态，我会感到心情舒畅而且一切都好。

那么，这些愿望产生的根源是什么，它们又是如何浮现出来的呢？产生这些不经意间一个新的愿望出现了，我感觉缺乏某种东西。这时我开始想要去经验某种新的事物，因此我开始努力去满足这个新出现的愿望。这一过程持续不停地重复着它自不经意间一个新的愿望出现了，我感觉缺乏某种东西。这时我开始想要去经验某种新的事物，因此我开始努力去满足这个新出现的愿望。这一过程持续不停地重复着它自不经意间一个新的愿望出现了，我感觉缺乏某种东西。这时我开始想要去经验某种新的事物，因此我开始努力去满足这个新出现的愿望。这一过程持续不停地重复着它自己。也就是说，我们总是在不停地追逐着新的快乐。

我们生在这个星球上，我们生，我们死，都在努力着去实现我们那些永无止境的愿望。只有在经过许多次生命轮回后，我们才达到只有一种单一的愿望存在下来的状态：这个愿望就是到达我们的根源，发现我们生命的意义的愿望。一旦这个终极的愿望浮现出来，其他的任何事情似乎都变得不再必要和没有意义。一个人会变得消沉抑郁，觉到情绪和精神的空虚，仿佛这个世界已没有任何东西能给他带来幸福。生命显得毫无意义而且感觉欠缺某种真的东西，但又不知道欠缺什么。直到类似"我生命的目的是什么？"，"我为何存在着？"等问题将人们带向卡巴拉为止。

现实是什么？
卡巴拉及对现实的感知

在卡巴拉科学，我们学习我们需要做些什么以便可以进入一个向我们的五官隐藏着的结构：精神世界。我们学习如何才可以超越我们的这个世界，上升到那个支配这个世界的领域。

我们都是在我们自己内部感知这个世界。我们的五官接收到某些外部的刺激，并将其传递到大脑，在那里它们被处理并形成我们关于这个世界的画面，除了这个画面，我们感知不到任何事物。

"我们知道"的这个世界是我们对外部影响的反应。这个世界"本身"对我们来讲是未知的。例如，如果我的耳膜损坏了，我将什么也听不见，声音对我来说就是不存在的。我只能感知到我的感官被调校到能够感知的那个范围。

我们对这个世界的感知是完全主观的，对在我们之外发生的事情我们什么也不能说。我们抓住的东西是我们自己对被认为是应该正发生在我们外部的某种东西的反应而已，但在我们外部真的在发生什么事情吗？

许多理论都在讨论这个问题。牛顿的理论说存在着一个客观的现实，也就是说这个世界正如我们看到它的一样存在着，不论我们自己是否存在它都存在着。后来爱因斯坦则认为，对现实的感知取决于观察者的速度和被观察的事物的速度之间的关系。换句话说，通过改变我们相对于某个观察对象的速度，我们对一个事物的观察将会完全不同：空间被扭曲、被压缩或被扩展，而且时间也在变化。

其他的理论，例如海森堡的测不准原理，则提出在个人与这个世界之间存在着互相影响。换言之，对现实的感知是我对这个世界的影响和这个世界对我的影响的综合的结果。

卡巴拉科学解释说，在我们之外根本没有任何可感知到的现实。我们不会影响任何在我们之外的事物，因为我们并没有感知任何外在于我们的事物。在我们之外，只有那个永恒的更高之光存在着。这整个的世界都位于我们内部，而之所以我们感觉到我们受到了来自外面的影响，是因为我们被创造成这种方式。

如果我们能走出我们的这个世界的话，我们将开始看到那个更高之光是如何在我们内部孕育产生有关这个世界的不断更新的图片的。这时，这整个的世界将变成一个很小的和被限制的世界。我们将看到那个更高之光是如何决定了我们感知我们自己以及我们周围的环境的方式，这样，我们最终可以开始控制这个过程。

卡巴拉科学给予我们这种能力。我们开始了解限制我们自身能力的原因存在于我们自己内部。如果我们能使我们内在的品质变得和那个更高之光的品质等同的话，我们将达到那个被称作"无限的世界"的完美和永恒的层面，获得无限的生命和绝对的满足。

这一切都完全取决于我们自己的内在的品质的改变。这就是为什么卡巴拉科学将目标定在向我们展示，通过改变我们自己(并且是在一个人的一生当中快速地)，我们就可以开始超越这个世界的存在。我们的身体仍然保持在那里，而且我们也继续以平常的方式与家庭、孩子在这个世界和社会上生活着。但我们在这所有之上将获得一个额外的更高的现实，在那里我们生活在我们神圣的感觉器官内。

我为什么感觉痛苦？

痛苦迫使我们前进。不论是我们感觉压抑、空虚还是迷惑，所有这些不好的感觉的出现都是为了迫使我们思考它们出现的原因和产生的目的。

在我们所处的这个世界中，我们只是看到了现实的外壳。就像我们只是看到电视屏幕上的画面，却看不到形成那些画面的电子信号一样。我们无法看见隐藏在自然、社会、个人或宇宙背后的是什么，我们也无法控制其中的任何一个。

就如同看一幅刺绣，只有在刺绣的反面才能看到那些构成了那幅刺绣图画的所有的纵横交织的环节及线条。同样的原因，我们无法观察到在我们的现实中发生的那些事情之间的联系；我们只能看到"某些事件突然因为某种原因发生了"。

那么，我怎样才能知道我的行为的结果是什么呢？突然之间，我遭受了一次打击，而我不明白它为什么发生或它是从哪里来的。我们开始问自己"我在哪里走错了？"，"我做了什么得到这种报应？"直至我们开始问自己"这一切都是为了什么？"

任何人都可以为他们自己和别人遭受的痛苦找到他们自认为合适的解释。但每个人都同意正是痛苦在促使我们思考它产生的目的和发生的原因，根据卡巴拉的观点，它们是同一个相同的问题。

卡巴拉科学声明说，所有痛苦的原因只有一个，使我们询问它的意义。这样的话，我们就可以将我们自己从一个在那里原因是被隐藏着的物质的存在层面，提升到一个痛苦的原因是被揭示的更高的精神的存在层面。

卡巴拉科学给予了我们这样一个机会：去发现那个生命的源泉——那个更高之光，那个创造者——并且达成与那个根源的融合。这种有关我们痛苦的根源，痛苦产生的目的以及我们生命的意义的问题的出现将一个人带到卡巴拉。

为什么要学习卡巴拉？为什么是现在？

今天，很多人相信人类的发展正在走入一个死胡同。我们曾经试图通过科学及经济发展寻找更好更幸福的生活方式的希望，已经被一种日益增强的人类正在进入一个死胡同的悲观情绪所冲淡。

我们看到这个世界上，越来越多的人已无法找到满足感。我们曾经以为人类正在向前取得巨大的飞越，并相信我们正在取得实质性的进步，然而现在看起来我们正在四处碰壁。

人类似乎正在陷入一种沮丧、自杀、毒品泛滥的深渊，人们正在试图与这个世界隔绝，抑制自己的情感。恐怖主义以及正在迅速蔓延的灾难都是一场全球性危机的外在征兆，所有这些状态正将人类引向那个根本性的问题："生命的意义是什么？"

越来越多的人已经开始在寻找这个问题的答案。如果我们看一看近二十年来精神探求者的数目迅速增加的情况的话，我们就会清楚地看到这种趋势。

在2000年前写就的《光辉之书》上写道：在20世纪末，人类将开始追问有关生命的意义这个问题。而且这个问题的答案就隐藏在这个古老的卡巴拉科学当中，而且，只有在今天这个时代，只有在这些富有挑战性的危机出现的时刻，这个智慧才会被揭示出来。

正是基于上述原因，卡巴拉科学被隐藏了几千年。因为过去人们还没有准备好接受它，而且在那时也不需要它。但是，近些年来人们对卡巴拉的兴趣在急剧上升。很多人已经开始学习卡巴拉，因为人们对卡巴拉能给他们带来什么感到好奇。一旦某个人了解到卡巴拉会回答那个有关生命意义的终极问题，他就对它不再感到害怕，并开始积极从事卡巴拉的研究和学习。

那些认为卡巴拉与魔法、奇迹、红绳和圣水等有关的想法正在逐渐消失。人们能够看到那些只不过是某些心理的现象而已。

对真实可靠的卡巴拉的需求正在进一步上升。换句话说，对一种能够使我们感觉更伟大的宇宙，永恒的存在以及更高的支配力量的精神需求正在持续增长。人们想知道，我们这个世界以及我们的生命为什么会如此演化，我们从何处来又要向何处去。

现如今，许多世界各地的人们对这个问题都已经产生兴趣，而这正是卡巴拉科学变得越来越受欢迎的原因。因为世俗的存在似乎已全都变得越来越令人失望和有限，越来越多的人正在试图将他们自己和超越这个世界的某种事物联系起来。

因此，今天的人们已准备好接受卡巴拉科学。卡巴拉欢迎所有渴望去发现生命的意义、存在的根源的人们，并提供他们一种实现它的实用的方法。

关于卡巴拉的十个偏见

偏见一：卡巴拉是一种宗教

事实是：卡巴拉是一种科学，有关整个现实的物理学。卡巴拉是一种智慧，一种揭示通常被我们的感官所隐藏的全部的真实的智慧。

偏见二：卡巴拉与红绳和圣水有关

事实是：它们之间毫无关联。红绳、圣水和其他产品都不过是在过去二十年内被创造出来的有利可图的商业行为。

偏见三：卡巴拉是保留给少数人的，并且只有在40岁以上的男人才允许学习

事实是：以色利人在精神流放期间，卡巴拉仅由几个经过精选的人继续研究并保护着。然而，从Ari(16世纪)的时期开始，卡巴拉就已开始向全人类开放。

偏见四：卡巴拉与魔法有关

事实是：卡巴拉不涉及任何魔法或其他巫术，相反，它与务实的亲身体验和实践有关。

偏见五：卡巴拉是一种宗派

事实是：卡巴拉是一种向全人类每一个人都开放的智慧和科学。

偏见六：卡巴拉与新世纪运动有关，而且是一种流行———即一种短暂的现象

事实是：卡巴拉是人类最古老的智慧。它大约起源于5,000年前。

偏见七：卡巴拉与塔罗牌、占星术和命理学等有关

事实是：塔罗牌、占星术和命理学都是对卡巴拉科学错误的理解和利用，是为着某种利己的目标操纵别人的行为，它们与真正的卡巴拉智慧没有任何关系。

偏见八：卡巴拉与护身符有关

事实是：在我们的这个世界中，没有任何事物具有精神的内涵。护身符只能帮助人们产生某种心理安慰作用。

偏见九：卡巴拉与冥想有关

事实是：学习卡巴拉并不需要任何冥想。冥想又是一个在最近几个世纪存在的对卡巴拉的混淆中，被不懂卡巴拉的人对此智慧的错误的联系。

偏见十：在你接触卡巴拉之前需要学习Torah(摩西五经)和Talmud(犹太法典)

事实是：正相反，不学习卡巴拉的人根本无法正确了解这些经典中隐藏的真正的精神的含意，而且会错误认为它们是在讲述这个物质世界的事件和行为。

为什么要学习卡巴拉，它是关于什么的？

卡巴拉智慧是一种研究精神世界的科学工具。我们使用自然科学，如物理、化学和生物学来探索我们的这个物质世界，但自然科学的研究只能针对由我们的5种感官所感知到的这个物质世界。要完全了解我们生活的这个世界，需要一个能探索我们的五官感知不到的那个隐藏领域的工具。这个工具就是卡巴拉智慧。

根据卡巴拉智慧，现实中存在两种力量或者品质：一种是接受的愿望，另一种是给予的愿望。因为那个给予的愿望想要给予，所以它创造出一个想去接受那个给予的愿望，那个给予的愿望更普遍地被称为"创造者"。因此，整个创造物，包括我们，都是这个接受的愿望的外在表现。

借助卡巴拉，我们能够为了我们自己的利益，去操纵构成现实的基本力量——接受与给予。卡巴拉不只告诉我们整个创造的蓝图，而且还教给我们如何可以变成现实的设计者，即变得和那个现实的原始设计者——创造者一样全能和全知。

什么人可以研究学习卡巴拉？

当20世纪伟大的卡巴拉学家，以色列第一位首席犹太导师库克(Kook)，被问到谁能学习卡巴拉时，他非常明确地回答说："任何想要学习它的人。"

在这最近一百年，在许多场合，所有的卡巴拉学家都无一例外地清楚地表示，今天卡巴拉是对所有人开放的。此外，他们声明，卡巴拉是用来解决他们已经预见到的、而我们正在经验的这场全球危机的必备工具。根据所有卡巴拉学家的观点，那个将卡巴拉对公众隐藏的时代已经结束了。

卡巴拉智慧在以前之所以会被隐藏起来，是因为卡巴拉学家害怕它会被人们误用或被人们误解。而正如事实已发生的那样，曾经泄露过的一点点，已经引起了很多误解并导致了很多误用的情形的产生。因为卡巴拉学家解释说，我们这一代人已进化到了准备好去理解卡巴拉的真正意义，以及去理清过去曾造成的那些误解的阶段，这门科学现在开始对所有想研究学习它的人们开放。

卡巴拉智慧教我们什么？

卡巴拉智慧教授我们有关那些精神世界的结构，以及我们每一个人怎样才能到达那里。卡巴拉著作就如同旅游指南一样，如果你打算到一个新的城市去旅行，你可能需要一个导游来告诉你，哪些地方是最好的景点，最好的咖啡店和俱乐部在哪里？以及指出哪些是你不会想去的地方等等。

同样地，卡巴拉著作告诉你那些精神世界是如何被建造起来的，哪些地方比较好玩而哪些地方不是。当然，这些指的都不是像这个物质世界的地方一样的"地方"，而是那些卡巴拉学家们都曾经经历过的某种精神世界的状态。

此外，卡巴拉著作还会告诉我们，如何去发现那个精神的现实。如果你想要去到世界上的某个地方，你可能会需要一张地图、一个研究并熟悉该地的导游。而这对那些精神世界的探索来说，就是卡巴拉著作所扮演的角色：它给你指出哪里是精神世界，将你"送"到那里，并为你四处导游。

*Bnei Baruch*国际卡巴拉研究中心是一种什么样的组织？

  *Bnei Baruch*国际卡巴拉研究中心是为了研究、学习、教授及传播真正的卡巴拉智慧的一个自发的国际性组织。它于1991年，由科学家、卡巴拉学家迈克尔·莱特曼博士怀着上述的崇高目的成立的。他之所以将这个组织命名为Bnei Baruch(意思是Baruch之子)，为的是纪念他的老师、当代伟大的卡巴拉学家巴鲁克·阿斯拉格(Baruch Ashlag)；而巴鲁克是他的父亲，20世纪最伟大的卡巴拉学家耶胡达·阿斯拉格(Yehuda Ashlag)的继任者，耶胡达·阿斯拉格也被尊称为巴拉苏拉姆(Baal Sulam，意思是阶梯的主人)，以其《对〈光辉之书〉的阶梯(Sulam)注释》而闻名于世。

  为了传播卡巴拉智慧，*Bnei Baruch*在世界范围内用几十种语言维护着www.kabbalah.info这个网站，出版卡巴拉著作、发行卡巴拉报纸以及制作卡巴拉广播及电视节目等。每个月都约有一百万人浏览该网页，全球已有数万人成为其积极的会员，他们共同支持这个目标，并为了全人类的利益而协助卡巴拉的传播。

历史上伟大的卡巴拉学家

卡巴拉智慧是人类最古老的智慧。它的起源可追溯到犹太人祖先亚伯拉罕的时代，即公元前18世纪，至今3800多年以前。亚伯拉罕是当时古巴比伦贝多因部落中一个普通的人，他发现了创造者的存在，也就是发现了超越这个世界之外的现实。然后，他写下了有关这一切的称为《*Sefer Yetzira*》(《创造之书》)著作，这是有关卡巴拉智慧的最早的一本著作。

在他之后产生了很多的卡巴拉学家，包括他的弟子、儿子及孙子，全部都致力于卡巴拉智慧的研究和传播，直到这一智慧被第二次为带领以色列人走出埃及的摩西所揭示。摩西是一个伟大的卡巴拉学家，他为我们撰写了*Torah*(《托拉》，或《摩西五经》，《圣经》的前五卷)。在这本著作中，他以一种不同的方式，描写了他自己对精神世界的揭示。

亚伯拉罕用Sefirot和名称写下他的著作，而摩西则使用了另外一种不同的语言——一种根枝语言来描述自己对那些更高的精神世界的揭示。由于这个世界的所有一切都来自那些更高的世界，就如经书中所写的："在这个世界里，哪怕是一根小草，都在那些更高世界里有着一个对应的让它成长的天使(指更高的力量)。因此，存在于这个世界中的任何事物都与存在于那些更高世界里的某个力量相对应。"

例如，在我们的这个世界，我们所遇到的所有事物都可以用语言、称谓及名字加以表达。这样，我们可以使用这些同样的名称，但表达的却是在那些更高世界中所发生的事物。这就是摩西采用根枝语言写下了他著名的《圣经》前五章的方式。

多亏了他，我们现在才拥有《摩西五经》。这个世界上的人们认为，这本经典所涉及的是这个世界里发生的事情，描写的是某些曾经发生的历史事件、罗曼史以及其他活动等等，这都是对该著作的误读和误解，而那些已达成精神世界的人们很清楚，摩西所描述的根本就不是我们这个世界，哪怕连一个字都没有；他谈论的全部都是有关那些精神世界的事情！他描述的是有关那个最高的统治的力量，以及灵魂如何上升及下降，他们的转世以及整个精神的系统。

然后，是《光辉之书》的出现，它是有关卡巴拉智慧最重要的著作，虽然没有人完全了解它。《光辉之书》是以一种叫做Midrash的语言写成的。这种语言不同于亚伯拉罕所采用的Sefirot及Partzufim的语言，它也不同于摩西所使用的根枝语言。这种语言使用的是我们这个世界的词汇。《光辉之书》是以小说的形式撰写的，它虚构且富有诗意。它看起来是在无意义地谈论着这个世界以及精神世界，但它却是一种传奇式的故事的语言，名为Midrash。

继《光辉之书》后，到了中古16世纪，另一次卡巴拉重要的发展是神圣的Ari(卡巴拉学家Isaac Luria)在以色列北部的一个叫做Safed的小镇上对卡巴拉的揭示。他没有亲自写下任何著作，他的教义都是由他的弟子Chaim Vital记录下来。这被认为是当代卡巴拉的开端。

后来，到了哈西德派的时代，卡巴拉智慧经过从17至18世纪间的发展，直到我们现在这个时代20世纪的巴拉苏拉姆，即卡巴拉学家耶胡达·阿斯拉格。巴拉苏拉姆用现代的语言阐释了精深的卡巴拉智慧，他对《光辉之书》以及Ari的教义进行了完整的注释。他像写科学著作一样写下了《对十个Sefirot的研究》，该著作的写法既具有学术性又非常地精确，它配有术语解释表、问答、图表等，是一种完整的适用于我们这个时代的卡巴拉科学教科书。

其他卡巴拉著作

为了帮助你决定你接下来应该阅读哪本书，我们已经将一些卡巴拉书籍分为了5类——适合所有人群的著作、初级著作、中级著作、高级著作和教科书。第1类包含了适合所有人阅读的书籍，无论你是一个初学者还是一位非常精通卡巴拉的人。第2~4类是根据读者已掌握的知识水平来分类的。对初级水平的读者没有要求。中级水平要求之前已阅读一到两本初级著作；高级水平要求已阅读前两类著作各一到两本。第5类教科书包含了一些由早期卡巴拉学家们撰写的正宗原始文献的译本，例如，阿里、耶胡达·阿斯拉格(巴拉苏拉姆)和他的儿子及继承人巴鲁克·阿斯拉格(拉巴什)。

其他还没有出版的英文译本可以在 www.kabbalah.info/cn 网站上找到。

适合所有人的著作

《危机，想知道为什么？》
Crisis, Wonder Why?

危机到底是什么？危机的背后又隐藏着什么？自然灾害真的是自然的吗？灾难是上天对人类的惩罚吗？为什么会爆发金融危机？气候和生态危机是如何造成的？为什么危机和灾难发生的越来越频繁了呢？恐怖主义产生的根源是什么？为什么世界从来没有真正的和平过？幸福为什么总是稍纵即逝？为什么苹果这么成功？为什么Facebook这么流行？如何才能获得真正的幸福？如何才能解决危机？我们都在期待改变，真正需要的改变是什么？生命意义是什么呢？……。总之，历史发展到21世纪的今天，人类从来没有像今天这样在其生活的方方面面感到如此地迷茫和困惑。人们甚至绝望到相信世界毁灭的末日就要到来，难道：

谋求发展带来的却是毁灭
追求幸福收获的就是痛苦
渴望和平导致的就是战争

到路在何方？未来在哪里？
难道发展的终点就是毁灭？！

一个为今天而准备的五千年的伟大智慧
被一个民族携带着、隐藏着、发展着。等待着，
只为今天这个危机四伏的时刻的出现，
当人类真正开始需要她的时候，
她才会揭开她神秘的面纱，
为人类指点迷津，引向光明！

本书由莱特曼博士涉猎危机的方方面面的现象及其本质和危机的产生原因分析的文章组成。内容涵盖了从金融到经济危机，从全球化到网络时代，从生态环境和气候危机到自然灾害，从个人婚姻到家庭幸福的危机，从恐怖主义到战争，从科学对世界在宏观和微观世界的探寻到生命意义的追寻等各个方面

通过阅读所有这些精彩的文章和对话，我们可以清晰地看到，剥开所有的灾难和危机的表象，引发危机的根源和那个导致危机发生的唯一的原因，将鲜活地呈现在我们眼前。你会发现，不论是什么样的危机，无论什么样的灾难，所有那些看似毫不相干、毫无关联的危机和现象，最后都浓缩并指向一个单一的原因，都是由一个共同的根源和原因引起的，而且，你会神奇地发现，所有的危机和灾难，实际上都是一种必然，并且，危机本身就是一种拯救，就是拯救的一部分，危机也是整个创造的一部分。

《出路，如何在世界危机中变得强大？》
The Way Out: Bail yourself out from the Global Crisis.

没有问题可以在产生了它的那同一个意识层面上被解决
爱因斯坦

人类目前面临的所有问题和危机的根源都出在，我们对这个世界、宇宙的进化发展以及我们人类在这个进化的链条上扮演的角色，也就是对我们自己是谁以及生命的意义是什么这些问题的无知？

实际上，人类现在出现的问题是必然的也是必须要经历的，危机和灾难实际上并不是什么新的名词。人类的文明史某种意义上讲就是一部应对危机和灾难的历史。人类正是在应对危机和灾难中成长起来的。如果在历史上，无论如何我们都"成功"地应对了危机和灾难的话；那么，现在人类面临的全面危机却让全人类感到束手无策甚至开始绝望。

难道真的像爱因斯坦所讲，如果我们不能超越我们自己现在所处的这个引发了这些危机的意识层面，上升到一个更高的意识层面上的话；我们面临的问题就不可能在我们现在所处的这个意识层面上得到解决吗？我们目前的处境正在迫使我们不得不认为爱因斯坦的断言是正确的。

人类几千年的文明发展，危机灾难应对的历史，已经充分证明了人类在解决人类面临的问题上的无助和无能。至今，人类已经尝试了各种主义和制度，尝试了各种手段和主义，任其为宗教的，哲学的，科学的还是经济的手段等等，但似乎任何思想，任何主义都没有实现其初始时的美好承诺，人类不但没有真正从根本上解决任何其面临的问题，反而越加深入地陷入到了更大的危机和灾难的泥潭，以至于到了没有人会反对全球毁灭正在迫近的说法的地步。

那么，事实果真如此吗？我们看到的感知到的这么宏伟的宇宙和这么神奇的生命就是以毁灭作为其终点吗？

本书由当代最伟大的卡巴拉学家莱特曼博士的一本著作和三篇演讲以及几篇精彩对话所组成。

第一部：《拯救你自己，如何在世界危机中使自己变得强大》。是莱特曼博士专门针对2008年世界金融危机后分析危机发生的原因，以及如何应对危机使自己变得真正强大的针对性著作。

第二部：由莱特曼博士针对几个困扰人类的精彩对话组成，内容涵盖金融危机，自然灾害，战争与和平等主题

第三部：由莱特曼博士在世界智慧理事会等年会上，针对危机提出的应对措施的演讲稿所组成。希望读者能够从本书中认识危机，认识危机的根源和目的，进而找到包含在危机中的拯救。

《道路：历史，现在与未来》
The Way : The History, The Present and The Future

《历史，现在和未来》从卡巴拉智慧的崭新视角，纵览了整个宇宙创造的过程和人类历史的关系，揭示了那个驱动了生命起源和进化的隐藏着的力量。在对创造者和创造物，也就是给予的愿望（利他主义）和接受的愿望（利己主义），这两个宇宙中唯一存在的力量之间的相互作用关系的解读当中，读者不但可以了解创造和生命进化的秘密，还可以看到我们人类在这整个宇宙创造和进化过程中所扮演的关键角色，以及为什么我们人类历史是过往这么一种痛苦的历史的背后的秘密；我们人类又为什么会在今天处于一种全面的危机当中；

更重要的是你可以清晰地"看见"创造者将引领人类到达的将来是什么，危机与历史事件，现在状况和人类未来的关系，我们人类的自我在整个进化过程中的变化和作用。我们人类目前面临的危机只有在真正"看见"将来的情况下才能知道如何去化解并同时步入一个幸福的未来。

通过阅读本著作读者还可以对达尔文的生命进化论和《圣经》的上帝创造论之间存在了几百年的矛盾有一种全面的认知，从而真正解开宇宙创造和生命意义之谜。

《卡巴拉、科学和生命的意义》
Kabbalah, Science and the Meaning of Life

科学解释了维持生命的机制；卡巴拉解释了生命存在的原因。在《卡巴拉、科学和生命的意义》这本书中，莱特曼博士用一段揭示生命的意义的生动的对话将科学和精神世界结合了起来。

几千年来，卡巴拉学家们一直写道，世界是一个被分为无数生物的整体。如今量子物理学这一最前沿的学科阐明了一种非常简单的观点：从最基本的物质层面上来说，我们所有人类和现实的环境的一切实际上是一个单一的整体。

科学表明，现实受检验它的观察者的影响，即对现实的感知是主观的，卡巴拉也同样这样认为。但卡巴拉做出了一个更加大胆的声明：即使是创造者，现实的创造者，也位于观察者之内。换句话来说，上帝存在于我们内心，他不存在于其他任何地方。当我们去世后，他(创造者)也会消失。

莱特曼博士清楚地解释了这些全新的震撼人心的观念，因此即使是科学或者卡巴拉的初学者也能够很容易地理解它们(虽然始终似乎难以置信)。如果你对于"为什么你会在这里、生命的意义是什么以及你可以做些什么来使你更加享受生活"这些问题不仅仅只有一点点好奇，而是真的想要寻找答案的话，那么这本书无疑是你的必读著作之一，它会为你对世界，宇宙和生命产生的思考提供一个全新的视角。

《超越世界》
Attaining the Worlds Beyond

《超越世界》的引言部分写道："……在1991年9月的犹太新年除夕，我的老师感觉到不舒服,他把我叫到他的床边,递给我他的一本多年来一直带在身上的笔记本,对我说道,'拿去吧,好好学习它'。第二天,我的老师就在我的怀里仙逝了,从此,我和他的众多弟子在这个世界上便失去了他的指引。"

"他曾经说过,'我想教你转向创造者,而不是我,因为他(创造者)才是那个唯一的力量、所有存在物的唯一源头、唯一一个可以真正帮助你的力量,并且他正在等待着你向他祈求帮助。当你在试图摆脱这个世界的束缚的过程中、在提升你自己超越这个世界的过程中、在你找寻生命意义的过程中以及在你确定你生命的目的的过程中寻求帮助的时候,你必须转向创造者,正是他(创造者)为了迫使你转向他(创造者)而给了你所有的这些渴望。'"

《超越世界》讲的就是那个笔记本里蕴含的内容,也包含其他一些激励人的文章。这本著作适合所有那些想发现一种符合逻辑的、可靠的用来理解这个世界中用其他教义和科学无法解释的现象的方法的人来阅读。这本书生动地介绍了启迪心灵的卡巴拉智慧,使读者们到达他们自己灵魂的深处,找到那条超越世界的精神之路。

《心里之点:灵魂快乐的源泉》
The Point in the Heart: a Source of Delight for My Soul

《心里之点:灵魂快乐的源泉》一书,是从莱特曼博士的一些课程精选的摘要组成的一本书,莱特曼博士,依靠他惊人的智慧在北美和全世界范围内赢得了越来越多专注的学生。莱特曼博士是一位科学家、一位卡巴拉学家同时是一个以令人信服的方式呈现古老智慧的伟大的思想家。

本书以一种独特的和隐喻的语言编写而成,《心里之点》以真诚但耐人寻味的方式,回答了我们所有人类曾经问过的那些最深层的问题。当生命失去了控制,当我们需要一个独自一人去反思的时刻,这本书将帮助我们重新发现那个位于我们内心的指南针。

这本书并不是要教你卡巴拉知识,而是向你轻柔地介绍一些从这个智慧中产生的思想的火花。《心里之点》这本书是开启一种新的认知的窗口。正如作者自己在书中作见证所说的,"卡巴拉智慧是一门有关情感的科学,一门有关快乐的科学,欢迎你开启它,品尝它。"

在卡巴拉中,"心"象征着我们接受快乐的愿望的总和。心里之点就是我们开始问自己在这个世界上我们生命的意义是什么时那个特殊的，亲密的时刻。它是当我们暂停下来并反思隐藏在我们不停在玩的那个快乐"追逐游戏"的背后到底是什么的时刻，不是问我们是否真的需要它们，而是问为什么我们需要它们的那个时刻。用莱特曼博士自己的话讲，它就是"灵魂的种子，也是揭示爱的第一步"。

当求索的你在黑暗中需要光明指引时，这本《心里之点》将成为你渡过黑暗的蜡烛。

《卡巴拉智慧指南》
A Guide to the Hidden Wisdom of Kabbalah

《卡巴拉智慧指南》对于卡巴拉初学者来说，是一本深入浅出，通俗易懂，轻松愉快的读物。它将博大精深的卡巴拉智慧用一种简洁明快的方式介绍给读者。该著作涵盖了从卡巴拉历史一直到这种智慧如何可以帮助我们解决世界危机等各个方面。

全书分三个部分：

第一部 涵盖了卡巴拉的历史、事实和有关卡巴拉的误解和谬论，并介绍了卡巴拉的关键概念；

第二部 说明了所有有关精神世界和其他相关的东西，包括希伯莱字母的含义和卡巴拉音乐的力量；

第三部 介绍了如何利用卡巴拉智慧认识和应对世界危机。

我们不需要丢掉我们经过多年的努力工作而获得的并已经习惯的生活标准。实际上有一种更简单的方法，可以让人类不但可以渡过这一危机和灾难四伏的时期，而且可让人类获得我们曾经连梦想都想不到的东西－永恒和完美，并实现生命的真正意义和目的。本书是学习卡巴拉，继而掌握宇宙存在的奥秘，实现生命的意义的必读著作。

《卡巴拉的基本概念》
Basic Concepts in Kabbalah

这本书帮助读者理解卡巴拉的一些最基本概念、精神世界里的物体和有关精神世界的卡巴拉术语的精确含义。通过反复地阅读这本书，读者可以在他(她)

出路:如何在世界危机中变得强大
The Way Out:Bail Yourself out from Global Crisis

心里培养出之前并不存在的内在洞察力、感悟和理解能力。这些新获得的观察力就像传感器一样,可以帮助我们"触及"到我们五种感官无法感知到的我们周围的隐藏空间。

因此,《卡巴拉的基本概念》这本书旨在促进对有关精神世界的一些术语的思考。一旦我们正确理解了这些术语,我们就可以通过我们内心来感知我们周围的精神世界的结构,如同一团迷雾消散之后一样。

这本著作并不是旨在让你学习一些事实。相反,这本书的目标读者是那些渴望唤醒他们可以拥有的最深层次和最微妙的感知的人们。

《永远在一起》

从表面上来看,《永远在一起》似乎是一个针对孩子们的童话故事。但如同所有描写生动的关于孩子们的故事一样,它超越了年龄、文化和成长环境的界限。

在《永远在一起》中,作者告诉我们,如果我们是父母,并忍受着我们一生中遭遇到的考验的话,那么我们将会变得更坚强、更勇敢和更睿智。我们不但不会因此变得越来越脆弱,相反,我们将学会创造我们自己的神话和奇迹,就像那位魔术师一样。在这个暖人心房的故事里,莱特曼博士与孩子和父母们分享了一些精神世界的魅力,更将宇宙创造的秘密以及人类在操作过程中扮演的角色用这种形象生动的语言清晰地展现给我们。

《明天的孩子》
21世纪幸福孩子培养指南

《明天的孩子》对你和你的孩子来讲都是一个崭新的开始,一个通向幸福明天的起点,一份不可多得的礼物。想象一下,就像在此刻正在点击电脑格式化按键,使得你一直处于故障状态的电脑这一次终于可以正常运转。

本书给我们的最大启示就是培养孩子的关键全部在于游戏和规则,一定要将孩子们看作是小大人,和他们一起制定重大的决策。你会惊奇地发现培养孩子们给予和相互关怀等积极的价值观,会使他们可以多么自然地融入在其日常生活之中。

打开书的任何一页,你都可以读到发人深省的有关培育孩子的点点滴滴,无论是父母孩子之间的关系、友谊与冲突、以及21世纪学校设计和功能设置方针等等。本书将会探索21世纪教育新方向的读者指明方向。

卡巴拉初级著作

《智慧之门》
Kabbalah For Beginners

《卡巴拉入门》这本书适合于所有正在寻找有关生命的一些最根本的问题的答案的人去阅读。我们所有人都想知道为什么我们会在这里、为什么会痛苦以及我们如何能够使生活变得更快乐。这

本书的四个部分准确地回答了这些问题,并清楚地阐明了卡巴拉的主旨及其实际运用。

第一部分讨论了卡巴拉智慧的发现、它的发展过程以及它最后是如何被隐藏直至现在的;第二部分介绍了卡巴拉智慧的主旨,并使用了十张简单的图画来帮助我们理解精神世界的结构和它们与我们的这个世界之间的关系;第三部分揭示了一些不为公众所知的卡巴拉概念,第四部分阐明了你和我可以运用的一些实际方法,以使我们的生活对于我们和我们的孩子而言可以变得更美好和更愉快。

《卡巴拉启示》
Kabbalah Revealed

这是一本以清晰易懂的写作风格帮助读者了解神秘的卡巴拉智慧以及卡巴拉智慧到底启示给人类什么。它一共包括6个章节,每个章节都阐明了卡巴拉智慧的一个不同的方面。并列举了我们的日常生活中的很多例子来解释卡巴拉智慧到底在向我们揭示什么。

这本著作的前3章解释了为什么我们这个世界正面临一场全面危机、我们不断增长的愿望是如何在促使人类文明进步的同时又造成我们人与人之间的分裂的、为什么实现积极变化的最大的障碍源于我们自己的精神的根源。第4章到第6章阐述了那些能够真正产生积极变化的药方。从这些章节中,我们可以学到我们如何利用我们的精神来创造一种和所有创造物都和谐共处的宁静的生活。

《伟大的智慧》
Wondrous Wisdom

这本书讲解了有关卡巴拉的一些基础知识。类似于我们在这里提到的所有书籍，《伟大的智慧》是基于由卡巴拉学家几千年来传授给其学生们的正宗的教义所凝练而成的。这本书的核心是一系列揭示卡巴拉智慧的本质以及解释怎样达成它的课程。对于那些询问"我到底是谁？"和"为什么我会在这个星球上？"的人来说，这本书是必读著作之一。

《觉醒至卡巴拉》
Awakening to Kabbalah

莱特曼博士怀着敬畏之情对卡巴拉这一古老的智慧进行了独有见地的介绍。在这本著作中，莱特曼博士不仅提供了一种对卡巴拉的基本教义的理解，也提供了你如何使用这种智慧来阐明你与其他人和你周围的世界之间的关系的更深层次的理解。

通过使用科学语言和诗歌语言，他探究了有关精神世界和存在的最深奥的问题。这本发人深思、独特的指南将会鼓舞和激励你跳出这个世界和你日常生活的限制来发现真理，接近创造者并达到灵魂的新的高度。

《从混沌到和谐》
From Chaos to Harmony

许多研究者和科学家都同意，人类的自我(利己主义)是我们的世界现在处于危险的状态的根源。莱特曼博士的这本具有开创性意义的著作，不仅解释了利己主义是整个人类历史上所有苦难的根源，而且还向我们指明了如何将我们的苦难转变为快乐的方法。

这本著作清楚地分析了人类的灵魂和它的问题，并提供了一套从苦难走向幸福的"路线图"来指导我们，如果我们想再次变得快乐的话，我们需要做些什么。《从混沌走向和谐》解释了我们人类如何能够在危机四伏的今天，如何在个人、社会、国家和国际层面上升到一个存在的新水平。

《解密光辉之书》
Unlocking The Zohar

《光辉之书》中包含着一种可将我们引向完美的非常特殊的力量。它具有一种使人渴望不停止地读它的魔力。对于那些真正读进去的人们，《光辉之书》就是一个生命能量和活力的源泉。拥有了它，我们就可以开始一个新的生命并与在这个世界上存在的美好与快乐相伴。

《解密光辉之书》是旨在容易为读者理解的名为《大众光辉之书》的系列著作的介绍性著作。为了最好地利用这一系列著作，我们强烈推荐首先阅读这本著作，这本书将会引领读者正确地阅读《大众光辉之书》，从而从中获得最大的收获。

阅读本书并不需要你有任何特别的知识。本书第一部分解释了《光辉之书》中蕴藏的智慧的本质，它被隐藏数千年的原因，以及它如何在今天可以使我们受益；第二部分介绍了我们感知现实的方式和创造的蓝图，以及最终我们如何能够通过解密《光辉之书》一起解开创造的秘密和生命的意义。

本书第三部分特别地从《大众光辉之书》中节选了一些精彩的篇章。在你阅读完本著作之后，你将会感觉到《光辉之书》的力量并且享受它的收益。

卡巴拉中级著作

《卡巴拉经验》
Kabbalah Experience

本著作中的问题和答案所揭示的卡巴拉智慧的深奥程度将会激励读者去反思和沉思。这不是一本能够快速阅读的著作,而是一本值得读者反复推敲和仔细阅读的书。这样,读者将会体验到一种不断增长的受到启发的感觉,同时很容易地掌握那些每个卡巴拉学习者在学习卡巴拉的过程中都会触及的问题的答案。

《卡巴拉经验》是一本关于人类从过去走向未来的指南,揭示了所有卡巴拉学习者在他们的卡巴拉探索之旅中的某些时候将会经历的处境。对于那些珍惜生命中的每一刻的人来说,这本著作提供了一种对永恒的卡巴拉智慧的独特的理解。

《卡巴拉路径》
The Path of Kabbalah

本著作非常独特地将卡巴拉初级著作与更高深的概念和教义结合了起来。如果你已经阅读了一到两本莱特曼博士撰写的卡巴拉著作的话,那么你会发现这本书很容易读懂。

《卡巴拉路径》这本著作不仅提及了一些基本概念,例如,对现实的感知和自由选择;而且还不断深入和扩大了卡巴拉初级著作的范围,例如,这本著作比那些"纯粹的"初学者阅读的书籍更加详细地解释了世界的结构;这本书也描述了我们所处的这个物质世界的精神根源,例如,希伯来日历和节日的精神由来等。

卡巴拉高级著作

《卡巴拉科学：对卡巴拉智慧的导读》
The Science of Kabbalah, The Preface to the Wosdom of Kabbalah

莱特曼博士既是一位卡巴拉学家也是一位科学家，他撰写的这本著作是为了向读者介绍正宗的卡巴拉智慧的独特的语言和术语。莱特曼博士在这本著作中以一种理性和严谨的方式揭示了正宗的卡巴拉。读者们可以逐渐地理解宇宙和存在于宇宙中的生命的逻辑结构和宇宙被设计的蓝图。

《卡巴拉智慧导引》是一本在解析的清晰度上和深度上都无与伦比的具有开创性意义的著作，它吸引了许多智者，并使读者们能够理解巴拉苏拉姆(耶胡达　阿斯拉格)其她更多的学术著作打下基础，例如，《对10个Sefirot的研究》*The Study of the Ten Sefirot*和《光辉之书》*The Book of Zohar*。读者在这本书著作中将获得一些只有正宗的卡巴拉才能够回答的有关生命的谜团的满意的答案。你可以一边阅读这本书，一边为到达更高的世界的奇妙之旅作准备。

《卡巴拉科学：对光辉之书的导读》
The Science of Kabbalah, Introduction to the Book of Zohar

对于那些想理解在《光辉之书》中隐藏的博大精深的信息的人来说，这本著作和《卡巴拉智慧导引》是必读的。这本著作中涉及到的许多有用的主题介绍了"根源和分枝语言"，如果没有这种"根源和分枝语言"的话，那么在《光辉之书》中描述的故事将仅仅是一些寓言和传奇。《光辉之书的导读》将为读者们提供理解正宗的卡巴拉智慧的一些必备的工具，以使他们到达更高的世界。

出路：如何在世界危机中变得强大
The Way Out:Bail Yourself out from Global Crisis

《光辉之书：对阿斯拉格注释的解读》
The Zohar, Annotations to the Ashlag Commentary

　　《光辉之书》一直以来是卡巴拉智慧的一个永恒的源泉和所有卡巴拉智慧的基础。自从它在大约2000年前出现以来，它就一直是卡巴拉学家们使用的主要文献资料，通常也是唯一的文献资料。

　　数千年来，卡巴拉都被精心地隐藏着，不为大众所知，因为人们适合学习它的时机还不成熟，还不适合学习它。然而，我们这一代人却是被卡巴拉学家们指定为可以理解《光辉之书》中的概念的第一代人。现在我们可以将这些概念运用于我们的生活中，而且必须开始具体实施卡巴拉智慧，否则人类将陷入越来越深重的灾难和困苦之中。

　　通过一种独特的隐喻性语言，《光辉之书》加深了我们对现实的理解并拓宽了我们的世界观。虽然这本著作只涉及一个主题——如何和创造者取得联系，但它从不同的角度阐明了这一主题。这使得我们每个人都可以发现某个将使我们理解这种深奥和永恒的智慧的特定的词组和单词。

教科书

《我听说的》
Shamati

莱特曼博士在这本书中写道,在我的老师巴鲁克·阿斯拉格(拉巴什)使用的所有文献和笔记中,他总是带一个特殊的笔记本。这个笔记本里记录了他和他父亲之间的一些对话,他的父亲就是20世纪最伟大的卡巴拉学家耶胡达 阿斯拉格(巴拉苏拉姆),即对《光辉之书》的《苏拉姆(阶梯)的注释》、《对10个Sefirot的研究》 The Study of the Ten Sefirot(对卡巴拉学家阿里的著作的注释)和许多其他卡巴拉著作的作者。

在1991年9月的犹太人除夕,拉巴什感觉到不舒服,他把我叫到他的床边,递给这个他一直携带在身边的笔记本,这个笔记本的封面只有一个单词,Shamati(即"我听说"的意思)。当他把这个笔记本递给我的时候,他说道,"拿去吧,好好学习它。"第二天,我的老师就在我的怀里仙逝了。从此,我和他的众多弟子在这个世界上便失去了他的指引。

为了实现拉巴什的遗言—传播卡巴拉智慧,莱特曼博士按其原样出版了这个笔记本,保留了这个笔记本的神奇的力量。在所有卡巴拉书籍中,《我听说的》是一本最独特和最富有吸引力的著作。

《卡巴拉智慧经典》
Kabbalah For The Student

《卡巴拉学生用书》中包含了由耶胡达 阿斯拉格、他的儿子及继承人巴鲁克·阿斯拉格和历史上其他一些伟大的卡巴拉学家所撰写的正宗的卡巴拉文献,内容博大精深,耶胡达·阿斯拉格是对《光辉之书》做出《苏拉姆(阶梯)注释》的作者。这本书中包含了一些准确地描绘卡巴拉学家们所经历的那些更高

的精神世界的发展过程的图解，也包含了一些导引性的文章，以帮助我们真正理解卡巴拉的最主要著作-《光辉之书》。

在《卡巴拉学生用书》中，莱特曼博士收集了卡巴拉学习者为到达精神世界所需要阅读的所有文献，莱特曼博士是巴鲁克·阿斯拉格的首席弟子和个人助理。在他的每日课程中，莱特曼博士通过教授这些鼓舞人心的文献来指引他在全世界的学生们学习卡巴拉，以帮助初学者和高级学员更好地理解在到达更高的世界的精神之旅中，我们要走的精神道路。这是真正学习卡巴拉智慧的必读著作。

《拉巴什，有关社会的文献》
Rabash: The Social Writings

巴鲁克·阿斯拉格导师(拉巴什)在卡巴拉的历史上扮演了一个非常显著的角色，他在卡巴拉智慧和我们人类的经验之间架设了最后的桥梁。由于他的特殊的品格，他可以将自己完全隐藏在他的父亲和老师，伟大的卡巴拉学家耶胡达 阿斯拉格导师(人称巴拉苏拉姆)的光环之中。

然而，如果没有拉巴什的著作，他父亲想要向全世界揭示卡巴拉智慧的所有努力也将会无功而返。没有他的著作，巴拉苏拉姆如此想要我们达成精神世界的努力将不会实现。

在他的日常生活中，拉巴什是一个谦卑和自制的人生典范。虽然如此，他的著作却充满了对人的本性的深刻洞见。那些初看起来似乎很平常的语言实际上却是通向人们心灵的最深处的精确的情绪通道。他的著作向我们显示在哪些关键的转折点上我们必须架设我们的阶梯并开始攀登。在精神达成的旅程中，他会用其惊人的敏感度，一路陪伴我们度过那些我们将要遭遇的艰难和困惑。他的话语能够使读者和他们自己的本性达成理解，将恐惧和愤怒最快地转化为自由，喜悦和信心。

没有他的著作，特别是那些有关一个人在其团队中的角色的著作，我们将永远不会从一个普通的卡巴拉学者变成一个真正的卡巴拉学家。拉巴什是迄今为止唯一一位为这个世界中的任何一个人提供了一套清晰有效的方法，使得人们可以从他们的心里之点觉醒的那一刻开始，直到他们通过在团队中的工作实现他们的精神目标。

这本书里收集的著作，不应只是简单地用于阅读，它更应该是一本实用的精神指南。

《智慧箴言集》
Gems of Wisdom

几千年来，卡巴拉学家们给我们留下了浩瀚的智慧宝藏。在他们的著作中，他们为我们铺就了一条按照他们的指引可以将我们一步一步地引入一个完美和永恒世界的道路。

这本《智慧箴言集》是从那些历代最伟大的卡巴拉学家们的著作中精选出来的智慧箴言集锦。特别是收录了很多出自以其对《光辉之书》的《Sulam》阶梯注释而闻名于世的20世纪最伟大的卡巴拉学家耶胡达阿斯拉格（巴拉苏拉姆）的智慧箴言。它们被根据不同标题归类编排，以提供读者在相应概念上能够获得最广泛和最深刻的理解。本书所收集的智慧箴言，不是旨在简单地用于阅读，它更应该是一本精神探索旅程的实用指南。本著作对任何渴望在精神探索道路上取得进步的读者都是一本难得的智慧指南。

*Bnei Baruch*国际卡巴拉教育和研究中心

Bnei Baruch是一支成立于以色列的卡巴拉学习团队，它与整个世界共同分享卡巴拉智慧。超过30种语言的学习材料是基于数千年世代相传的正宗的卡巴拉文献著作。

·历史和起源

莱特曼博士是本体论和知识理论的教授，拥有哲学和卡巴拉的博士学位以及医学生物控制论的硕士学位，在1991年，当他的老师巴鲁克·阿斯拉格(拉巴什)去世后，莱特曼博士创立了Bnei Baruch卡巴拉学习团队。他将其命名为Bnei Baruch(即"巴鲁克之子"的意思)是为了纪念他的老师。莱特曼博士在他老师生命的最后十二年里(即1979~1991年)从未离开过他的身边。莱特曼博士是巴鲁克·阿斯拉格的首席徒弟和个人助理，并被公认为真正卡巴拉智慧的教学方法的继承人。

拉巴什是二十世纪最伟大的卡巴拉学家—耶胡达·阿斯拉格的长子和继承人。耶胡达·阿斯拉格是《光辉之书》最权威和全面的注释—《苏拉姆*Sulam*(即"阶梯的注释"的意思)的作者。他是第一位揭示完整的精神提升的方法的卡巴拉学家，并被称为巴拉苏拉姆(即"阶梯的主人"的意思)。

现在，Bnei Baruch国际卡巴拉教育和研究中心的所有学习方法都基于这两位伟大的精神导师铺设的道路之上。

·学习方法

Bnei Baruch每天传授并应用巴拉苏拉姆和他的儿子及继承人拉巴什发展出来的独特的学习方法。这种方法依据正宗的卡巴拉资源,例如,西蒙·巴尔·约海所著的《光辉之书》(Book of Zohar)、阿里所著的《生命之树》(Tree of Life)以及巴拉苏拉姆所著的《对10个Sefirot的研究》The Study of the Ten Sefirot和对《光辉之书》的阶梯(Sulam)注释。

学习卡巴拉不仅需要正宗的卡巴拉资源,而且还需要简单易懂的语言和一种科学、现代的学习方法。这种学习方法得到了不断地发展,并使Bnei Baruch成为以色列和整个世界的国际公认的教育机构。

这种学习方法独特地将学术研究方法和个人经历结合在了一起,拓展了学生们的视野,并使他们获得了对他们生活着的现实的一种全新的感知。这样,那些走在精神之路上的学生便获得了研究他们自身和他们周围的现实的必备工具。

·信息

Bnei Baruch是由全球成千上万学员组成的进行多种传播活动的一个机构。每个学员根据自己的个人条件和能力选择自己的学习途径和强度。Bnei Baruch传播的信息的本质很广泛,通过"爱邻如己"的原则团结人民、团结各民族和爱每一个人。

几千年来,卡巴拉学家们一直都在教授人们之间的爱是所有人类关系的基础。这种爱在亚伯拉罕、摩西和他们成立卡巴拉学习团队的那个时代得到了广泛的传播。如果我们吸收了这些古老但又现代的价值观的话,那么,我们将会发现我们拥有了能忽略我们之间的不同而团结在一起的力量。

隐藏了数千年的卡巴拉智慧如今已浮现出来,它一直在等待一个我们人类已经充分发展并准备好执行它的信息的时机。现在,它成为了一种可以团结世界各民族的方法,并使我们所有人能够迎接目前的挑战,无论是个人还是社会。

•活动

创立Bnei Baruch的前提是"只有通过广泛地向公众传播卡巴拉智慧，我们才能够得到完全的救赎"（出自巴拉苏哈姆）。

因此，Bnei Baruch向人们提供了各种各样的方法，以使他们探索和发现他们生命的意义，并为初学者和高级学员提供精心的指导。

•卡巴拉电视

Bnei Baruch成立了一家阿斯拉个研究中心电影制作公司（ARI Films）(www.arifilms.tv)，这家电影公司主要致力于制作多种语言的和全世界范围内的卡巴拉教育电视节目。

Bnei Baruch在以色列拥有自己的电视台，通过有线电视和卫星24/7播出。这些电视节目也在www.kab.tv上播出。而且，这个电视频道上的所有电视节目都是免费的。这些电视节目适合所有学员，包括初学者和最高级学员。

此外，阿里电影制作公司也制作卡巴拉教育故事片和纪录片。

•互联网网站

Bnei Baruch的国际网站（www.kab.info)上有正宗的卡巴拉智慧的一些资源，包括文章、书籍和原始文献。它是网络上至今为止最大的一个正宗卡巴拉资源库，并向读者提供了一个独一无二的、涵盖面极广的图书馆，以便读者们充分地探索卡巴拉智慧。此外，卡巴拉媒体文档(www.kabbalahmedia.info)上包含有五千多个媒体资料、可下载书籍和大量的多语种文献、视频和音频文件。

Bnei Baruch在线学习中心为初学者提供了独特、免费的卡巴拉课程，引导学生在他们舒适的家中学习深奥的卡巴拉智慧。

莱特曼博士的每日课程也在www.kab.tv上直播，并附有补充性的文本和图表。

以上所有资源都是免费提供的.

·报纸

《今日卡巴拉》是由Bnei Baruch每月免费发行的一种报纸，它有4种语言版本，包括英语、希伯来语、西班牙语和俄语。其风格简单易懂和富有现代感，内容与政治、商业无关。《今日卡巴拉》的目的是为了以一种简单易懂、生动的样式和风格向世界各地的读者们免费揭示卡巴拉智慧中隐藏着的大量知识。

《今日卡巴拉》目前在美国的每个主要城市、加拿大的多伦多、英国的伦敦和澳大利亚的悉尼免费发行。它以英语、希伯来语和俄语印刷，并且在www.kabtoday.com上也可阅读。

此外，订阅者只需支付邮费便可阅读到该报纸的纸质版。

·卡巴拉著作

Bnei Baruch出版正宗的由耶胡达·阿斯拉格(巴拉苏拉姆)、他的儿子巴鲁克·阿斯拉格(拉巴什)和莱特曼博士撰写的书籍。耶胡达·阿斯拉格和拉巴什的著作对充分理解正宗的卡巴拉教义至关重要，莱特曼博士在他的每日课程中解释这些正宗的卡巴拉教义。

莱特曼博士基于巴拉苏拉姆提出的一些核心概念，以一种简单易懂、现代的风格来撰写他的著作。这些著作是现在的读者和原始文本之间的一条重要的纽带。所有这些书籍都有销售，也可以在网上免费下载。

·卡巴拉课程

正如卡巴拉学家们多少世纪以来一直所做的那样，莱特曼博士每天凌晨三点至六点(北京时间是上午9点至12点)在以色列的Bnei Baruch国际卡巴拉教育和研究中心讲课。莱特曼博士用希伯来语讲课，现在这些课

程被每天同步翻译为七种语言：英语、俄语、西班牙语、法语、德语、意大利语和土耳其语。正如其他所有活动一样，这些直播节目也是免费提供给全球数百万学生的。

·经费

Bnei Baruch国际卡巴拉教育和研究中心是一个教授和分享卡巴拉智慧的非营利性机构。为了保持其独立性和意图的纯洁性，Bnei Baruch不接受任何政府或政治组织的支持和资助，也同它们没有任何联系。

由于其大部分活动都是免费提供的，团队活动经费的主要来源是捐款和什一税——学生在其自愿的基础上的奉献——和以成本价出售的莱特曼博士的书籍的所得。

如何联系我们

网站Internet:
www.kabbalah.info/cn
www.laitman.cn

卡巴拉电视Kabbalah TV:
www.kab.tv

网上书店Bookstore:
www.kabbalahbooks.info

学习中心Learning Center:
edu.kabbalah.info

电邮E-mail:
chinese@kabbalah.info
info@kabbalah.info

Bnei Baruch Association
PO BOX 3228
Petach Tikva 49513
Israel

Kabbalah Books
1057 Steeles Avenue West, Suite 532
Toronto, ON, M2R 3X1
Canada
E-mail: info@kabbalahbooks.info
Web site: www.kabbalahbooks.info
USA and Canada:
Tel: 1 416 274 7287
Fax: 1 905 886 9697

www.ingramcontent.com/pod-product-compliance
Lightning Source LLC
Chambersburg PA
CBHW071224080526
44587CB00013BA/1483